FICHA CATALOGRÁFICA

(Preparada na Editora)

Frungilo Júnior, Wilson, 1949-

F963a   *O Abridor de Latas* / Wilson Frungilo Júnior, Araras, SP, IDE, 1ª edição, 2009.

256 p.

ISBN 978-85-7341-429-5

1. Romance 2. Espiritismo. I. Título.

CDD-869.935
-133.9

Índices para catálogo sistemático:

1. Romance: Século 21: Literatura brasileira 869.935
2. Espiritismo 133.9

O Abridor de Latas

ISBN 978-85-7341-429-5

1ª edição - fevereiro/2009
5ª reimpressão - setembro/2021

Copyright © 2009,
Instituto de Difusão Espírita - IDE

Conselho Editorial:
Doralice Scanavini Volk
Wilson Frungilo Júnior

Produção e Coordenação:
Jairo Lorenzeti

Capa:
César França de Oliveira

Diagramação:
Maria Isabel Estéfano Rissi

INSTITUTO DE DIFUSÃO ESPÍRITA - IDE
Av. Otto Barreto, 967
CEP 13602-060 - Araras/SP - Brasil
Fone (19) 3543-2400
CNPJ 44.220.101/0001-43
Inscrição Estadual 182.010.405.118
www.ideeditora.com.br
editorial@ideeditora.com.br

Todos os direitos reservados. Nenhuma parte desta publicação pode ser reproduzida, armazenada ou transmitida, total ou parcialmente, por quaisquer métodos ou processos, sem autorização do detentor do copyright.

Wilson Frungilo Jr.

O Abridor de Latas

Romance

ide

Sumário

I - Família Antunes 9

II - Família Gomes 23

III - Seu Haroldo 33

IV - Seu Agenor 45

V - O apoio ao pai 59

VI - A leitura do primeiro manuscrito 65

VII - A chegada de seu Agenor 81

VIII - A família reunida 91

IX - A leitura do terceiro manuscrito 99

X - A conversa de dona Elza com seu Agenor 113

XI - A leitura do quarto manuscrito 125

XII - Na feira 139

XIII - Os ensinamentos do andarilho 151

XIV - Conversa com Ailton 167

XV - Elucidativo encontro de Nelson com Haroldo ... 181

XVI - A leitura do quinto manuscrito 193

XVII - A descoberta 209

XVIII - A viagem 219

XIX - O reencontro 237

I

FAMÍLIA ANTUNES

– Você encontrou?! – pergunta o dr. Nelson Antunes, rico empresário, visivelmente emocionado, a um seu funcionário de confiança.

– Encontrei, doutor – responde Alonso –. O homem realmente está morto e seu túmulo é uma simples lápide no cemitério de que lhe falei.

– E você tem certeza de que é ele, mesmo?

– Absoluta, doutor. Inclusive, a documentação está de acordo com os registros.

– E há quanto tempo ele faleceu?

– Pelo que pude apurar, já se passaram quase trinta anos, doutor.

– Por favor, diga-me a localização do túmulo.

– Pois não. Quando o senhor entrar no cemitério

pelo portão principal, caminhe até a rua número doze, dobre à sua direita, vá por ela até encontrar a rua Y e dobre, agora, à esquerda. O túmulo se encontra bem no fim dela, quase junto ao muro final, lado direito, lápide número trezentos e dezoito.

– Já anotei, Alonso. Muito obrigado, e, por favor, sigilo absoluto.

O empresário desliga o telefone e prostra-se numa poltrona, com lágrimas nos olhos.

– Como gostaria de tê-lo encontrado vivo para poder lhe pedir perdão e, com toda a certeza, ressarci-lo pelo prejuízo que lhe causei – fica a pensar –. Meu Deus, já se passaram mais de trinta anos que tudo aconteceu. Ele morreu moço e pouco tempo depois. E Alonso disse ter encontrado notícias de que ele teria morrido por atropelamento. Teria sido um suicídio? Mas não posso me culpar agora. Hoje não faria o que fiz. Infelizmente, naquela época, meus pensamentos eram outros. Mas não consigo entender por que fiz aquilo. Não tinha motivos para prejudicá-lo daquele jeito. Nem ganhei nada em termos financeiros...

Em seguida, e ao mesmo tempo em que Mara, sua filha, entra na sala, o empresário fala com seu motorista, através do telefone, estrategicamente instalado ao lado da poltrona:

– Norberto, apronte meu carro. Vamos sair.

– Vai sair, papai? O almoço já está para ser servido.

– Tenho um encontro de negócios, filha. Almoçarei

fora – responde, já se levantando e dirigindo-se em direção à porta.

Mara percebe que o pai não se encontra bem. Nos últimos dias, tem se portado de maneira muito estranha, deixando, até mesmo, de lhe dar um beijo quando a encontra pela primeira vez no dia. E não perde a oportunidade de lhe chamar a atenção, com muito carinho:

– E o meu beijo, papai?

– Oh, minha filha, desculpe-me. Ando com a cabeça muito ocupada com os negócios.

– Pois não deveria. Já está mais do que na hora de deixar essas preocupações para Roberto e Narciso.

– Você tem toda a razão, Mara, mas é que... bem... na verdade, papai está cuidando de um negócio particular que não tem nada a ver com as empresas.

– Negócio particular? Que negócio particular, papai? Não me diga que está pensando em passar a perna em nós, seus filhos – brinca, mas extremamente curiosa.

– Não. É claro que não pretendo passar a perna em ninguém, muito menos em meus amados filhos. Na verdade, nem chega a ser um negócio. Apenas uma preocupação com uma pessoa, a quem muito devo.

– E posso saber que pessoa é essa? Mário, papai? Esse seu amigo continua a incomodá-lo com pedidos de empréstimos?

– Não, filha, e por favor, no devido tempo lhe falarei

sobre isso. Não seja tão curiosa. Papai não está fazendo nada de errado.

– Disso tenho certeza. Você é o homem mais correto deste planeta e bem sabe o quanto eu e meus irmãos nos temos espelhado em você.

– Sei muito bem disso, Mara, e acredite, não é nenhum problema grave demais. A minha preocupação, na verdade, está sendo exagerada. Pode crer. E, agora, aquele beijo e um bom dia para você. A propósito, seus irmãos vêm almoçar em casa, hoje? Ainda não estive no escritório.

– Disseram que viriam. Vou aguardá-los. E pode ir sossegado, papai. Vou conter a minha curiosidade.

– Até a noite, Mara.

– Até a noite, papai.

***

São treze horas e quarenta minutos e os irmãos Roberto, vinte e nove anos, Narciso, vinte e sete anos e Mara, vinte e cinco anos, já estão terminando o almoço na sala de jantar da mansão em que vivem em rico bairro da capital. Roberto e Narciso, ambos engenheiros, detêm altos cargos nas empresas da família Antunes, enquanto Mara cursa o quarto ano de Medicina. A mãe, senhora Carmem, faleceu há quatro anos, e os filhos residem com o pai, a quem insistem para que se aposente definitivamente. Na verdade, doutor Nelson quase nada mais administra, contentando-se, apenas, em ter uma sala particular no escritório, onde, de lá, vigia os filhos e lhes palpita providências, apesar de ter ciência de que os rapazes sabem já, melhor do que ele, dirigir todo aquele conglomerado, através de competentes administradores contratados para esse fim. Mesmo assim, os moços, sempre que podem, procuram o velho magnata, a fim de se aconselharem em alguma nova investida no mercado, mais para agradá-lo e para que ele se sinta útil e não excluído de tudo o que ocorre com as empresas que, com muito esforço, após herdar do pai, fez crescer ainda mais, como costumam dizer, com as próprias mãos e com muito trabalho. Mas, nesse instante, já na sobremesa, os irmãos comentam sobre uma transformação que vem se operando ultimamente com o pai.

– Ando um pouco preocupada com papai – diz Mara. – Pelo menos não vem agindo como de costume. Hoje mesmo, quando cheguei, disse isso a ele, mas senti que procurou disfarçar dizendo estar muito preocupado com uma pessoa, a quem deve muito.

– Deve muito? Papai nunca me falou sobre alguém a quem devia muito – comenta Roberto.

– Perguntei-lhe se ele não estaria preocupado com Mário, a quem sempre empresta algum dinheiro.

– Não pode ser Mário, pois papai nada deve a ele. Muito pelo contrário – complementa Narciso.

– Sabem? Pareceu-me que papai tinha lágrimas nos olhos.

– Lágrimas?

– Sim, porém, nada comentei, pois não tinha certeza.

– Eu e Roberto também já percebemos que papai anda um tanto entristecido, Mara. Já não nos acompanha mais quando temos de almoçar no centro da cidade, em algum restaurante. Diz que vai comer mais tarde.

– Agora me lembro... um dia, ao procurar por ele, perguntei ao seu motorista se sabia de seu paradeiro e ele me disse que papai havia tomado um táxi e o tinha dispensado.

– Bastante estranho isso. Papai sempre utilizou seus serviços. Nunca soube de ele ter apanhado um táxi.

E os filhos do dr. Nelson continuam a conjeturar hipóteses sobre aquilo que eles consideravam um mistério na vida do pai.

***

Dois dias depois, quando Narciso está chegando em casa, por volta das dezenove horas, vê o pai entrar em um táxi a poucos metros da residência. Imediatamente, e com cuidado, retorna com o carro e o segue. O táxi percorre várias ruas e bairros até estacionar defronte a uma casa simples. Narciso estaciona a uma segura distância, a fim de não ser visto e apenas consegue perceber que há algo escrito na parte superior da parede externa da construção. Aguarda um pouco até que o pai pague o taxista e entre na casa e, então, encaminha-se lentamente até ela, parando na calçada em frente, por detrás de um grosso tronco de árvore, estranhando o fato de o dr. Nelson para ali ter-se dirigido, pois lê: "Centro Espírita Allan Kardec".

– Um Centro Espírita? O que será que papai veio fazer aí? – pensa. – Nunca soube que ele, alguma vez, tenha-se interessado por esses assuntos. Nem muito religioso é.

E, com esses pensamentos, passa, primeiro, a analisar a casa: simples, sem garagem, duas quedas de telhado, uma porta e duas janelas, uma de cada lado. Parece ser uma construção bem antiga, com cerca de uns doze metros de frente, porém bem funda, talvez uns cinquenta metros e, por certo, com um bom quintal, pois uma frondosa mangueira desponta por detrás de seu telhado. Vê luzes em seu interior, através de frestas nas janelas de madeira. E já está para atravessar a rua quando vê algumas pessoas dirigindo-se até lá e entrando em silêncio. Olha para o relógio. Já são dezenove horas e quarenta minutos.

Narciso começa a imaginar que, certamente, alguma reunião será realizada ali.

– Mas o que papai veio fazer nesse Centro? – conjetura.

Já ouvira falar alguma coisa sobre Espiritismo, inclusive sobre Allan Kardec, como alguém que tivesse sido o criador dessa religião e já tinha ouvido falar, também e muito, sobre Chico Xavier, que diziam escrever obras ditadas por Espíritos, coisa com a qual nunca se importou, a exemplo do que imaginava que o pai também nunca houvesse se interessado.

– O que devo fazer? – pensa. – Poderia entrar aí e ver o que acontece, mas não gostaria que papai me visse e soubesse que o segui. Seria muito constrangedor para mim e para ele. Só se... sim... entro e, se papai não me vir, assisto o que eles fazem e, se ele me vir, poderei dizer que ia passando por aqui, a caminho de casa e o vi e, então, resolvi encontrá-lo. Na verdade, até seria bom se ele me visse, pois assim poderia lhe perguntar o que veio fazer aqui. Mas... será que posso entrar? Na verdade, não sou seguidor dessa religião. Será que só os que a professam podem frequentar? E papai? Estaria, porventura, frequentando esse Centro? Nunca nos falou nada sobre isso. Deixe-me ver... Quarta-feira passada... papai saiu à noite? Não consigo me lembrar. E na outra quarta?

Imediatamente, resolve ligar para Mara.

– Alô, Mara? É Narciso. Diga-me uma coisa: você se lembra se papai tem saído às quartas-feiras à noite?

– Deixe-me ver, Narciso... Espere um pouco... Sim, papai tem saído às quartas-feiras, sim. Já percebi isso. Mas por que me pergunta? Está acontecendo alguma coisa?

– Não precisa se preocupar, Mara. Diga-me mais uma coisa: você sabe se papai tem se interessado, ultimamente, por alguma religião?

– Religião?

– Sim. Mais precisamente pelo Espiritismo.

– Não sei, Narciso. Como já lhe disse, tenho achado papai muito estranho. Já tive a oportunidade, algumas vezes, de entrar em seu quarto, aqui em casa, e vê-lo com um livro, mas sempre que me aproximo, ele o guarda em uma gaveta, parecendo-me que não quer que eu veja o que está lendo, mas não dei muita importância a esse fato. Papai sempre gostou de ler. Mas, agora...

— Você está achando isso estranho?

— Sim, porque papai nunca me escondeu nada que estivesse lendo. Eram sempre obras de assunto empresarial, administrativo ou financeiro. E sempre lia em qualquer lugar da casa, sem segredos. Ultimamente é que me parece estar lendo às escondidas e em seu quarto, mas o que está acontecendo?

Narciso, então, conta à irmã que viu quando o pai apanhou um táxi e o seguiu, até o momento em que ele entrou num Centro Espírita.

— Num Centro Espírita, Narciso? E o que você vai fazer?

— Não sei, Mara. Parece-me que vai haver alguma reunião e não sei se devo entrar. Papai não iria gostar se me visse e ficasse sabendo que o segui. Pensei até em mentir, dizendo-lhe que passei aqui por acaso e, talvez, essa fosse uma oportunidade de lhe perguntar.

— E você acha que pode entrar aí? Quero dizer, sem ser espírita...

— Também não sei. Mas, espere, duas senhoras estão chegando. Vou lhes perguntar. Até mais, Mara. Depois nos falamos.

— Até mais, Narciso. Vou esperá-lo.

Narciso, então, atravessa a rua e dirige-se às mulheres.

– Boa noite. Poderiam dar-me uma informação?

– Pois não, senhor – responde uma delas.

– É que... bem... vai haver alguma reunião no Centro? – pergunta, apontando para a casa.

– Sim. Hoje é dia de passes. Não gostaria de entrar?

– E eu posso?

– Sim. Daqui a pouco esta porta estará aberta para quem quiser. Nós viemos um pouco mais cedo para nos prepararmos. Fazemos parte da equipe que aplica os passes.

– É que eu nada sei sobre isso. Na verdade, nem sei o que é isso.

– É a primeira vez que vem a um Centro?

– Sim. O que acontece – mente Narciso –, é que eu vinha passando por esta rua e vi quando meu pai entrou aí e fiquei curioso. Nunca soube que ele se interessasse por essa religião. Nunca me disse nada e nem aos meus irmãos. Pensei, até, em entrar também, mas não gostaria que ele me visse e pensasse que o estou seguindo.

– Pois deveria entrar e conversar com ele.

Narciso fica alguns segundos pensativo e responde:

– Também não sei o que o leva a nos esconder isso.

– Como é o nome de seu pai?

– Nelson Antunes.

– Nelson Antunes? Ah, sim, deve ser o dr. Nelson. Ele não é um rico empresário?

– Esse mesmo.

– Ele tem frequentado o Centro há já algumas semanas. Ele descobriu que é médium.

– Médium? As senhoras querem dizer que ele recebe Espíritos que falam por ele? Vejam bem: eu sei muito pouco sobre isso.

– Médium – explica uma das senhoras – é a pessoa que tem a faculdade de servir de intercâmbio entre o plano espiritual, que é o verdadeiro plano da vida, com este plano em que vivemos, que é o material. Ou, melhor explicando, o médium transmite o que os Espíritos querem nos dizer. Uns, através da psicofonia, ou seja, através da fala, ou da psicografia, que é através da escrita. E existem outros tipos de mediunidade, também, como os médiuns de efeitos físicos, os audientes, que são os que ouvem os Espíritos, os curadores, que curam doenças, os videntes, que os enxergam, que parece ser o caso de seu pai...

– Espere um pouco, por favor – pede Narciso –, a senhora quer me dizer que meu pai é um médium que vê Espíritos?

– Pelo que soube, seu pai disse ter visto um Espírito feminino, uma noite, em seu quarto e que falou com ele.

– Uma mulher?

– Sim. Sua mãe ainda é viva?

– Não. Mamãe faleceu há quatro anos. Ele disse se foi ela?

– Não sabemos – responde uma das senhoras –. A única coisa que posso lhe adiantar é que essa mulher lhe pediu que procurasse pelo seu Haroldo.

– E quem é seu Haroldo?

– É o presidente do Centro. É um homem muito culto, muito inteligente. Um grande conhecedor da Doutrina Espírita.

– E o que meu pai vem fazer aqui?

– Ele toma passes e seu Haroldo lhe tem prestado muitos esclarecimentos. Na verdade, eles já se conheciam, de algum tempo. Depois, nunca mais se viram.

Narciso fica alguns segundos em silêncio, sem saber o que fazer ou falar. Encontra-se atônito diante daquela revelação. Por que seu pai nunca lhe falara, e a seus irmãos, sobre isso? Será que não estava tendo coragem de lhes comunicar que seguia essa religião e que era médium vidente? E por quê? Nunca houvera segredos entre eles.

– E, então? O senhor vai entrar?

– Não, não, mas gostaria de conversar com seu Haroldo, particularmente, antes de falar com meu pai.

– Bem, o senhor poderá falar com ele quando quiser. E se não quiser vir até o Centro, poderá falar com ele em sua casa. Ele mora ali, naquela casa verde – diz a mulher, apontando uma moradia alguns metros mais abaixo, atravessando a rua.

– E a senhora poderia me dizer qual seria o melhor horário para encontrá-lo?

– O senhor poderá procurá-lo por volta das vinte e duas horas. Já deverá estar em casa. Nossa reunião termina às vinte e uma e trinta, ele fecha o Centro e vai para lá.

– E não seria um incômodo?

– De maneira alguma. Seu Haroldo é muito solícito, e tenho certeza de que o atenderá com muito prazer. Ele gosta muito de seu pai.

– Tudo bem, então. De qualquer forma, muito grato pelas informações. E uma boa noite.

– Boa noite, senhor.

– A propósito... por favor... não digam a meu pai que estive aqui.

– Pode ficar tranquilo. Nada lhe diremos.

– Eu lhes agradeço.

II

Família Gomes

Alguns dias antes...

– Então, doutor? É grave? – pergunta dona Silmara Gomes ao médico psiquiatra que, após atender seu marido, lhe fala em particular.

– Otávio está acometido de grande depressão. Por ora, vamos dar início a um tratamento medicamentoso que considero bastante eficaz nesses casos. Somente lhe peço que acompanhe a ingestão desses remédios nos horários que defini, porque, muitas vezes, existe uma certa resistência inicial, por parte do paciente, em ingeri-los. Por favor, mantenha-me informado sobre o desenrolar desse tratamento. E marque com minha secretária um retorno para daqui a quinze dias. Também gostaria que ele se alimentasse melhor. Pelo que pude apurar, ele se encontra bastante enfraquecido.

– E devo deixá-lo ausentar-se de casa?

– Pelo que a senhora me informou, nos últimos dias ele tem permanecido em sua residência, não é?

– Sim. Depois de ter faltado ao serviço por uma semana, recolheu-se em seu quarto e não sai mais.

– Tudo bem. Se ele quiser sair, terá de ir acompanhado. A propósito, não consegui dele a informação do que teria feito nesses dias em que faltou ao serviço e que a senhora somente ficou sabendo quando colegas de trabalho lhe telefonaram para perguntar por ele. A senhora teria alguma ideia a esse respeito?

– Não, doutor. Penso que, como já lhe disse, tenha sido por causa da mágoa que tenha tido ao não ser promovido na empresa. Até seu novo chefe está preocupado com ele. Chegou a ligar em minha casa para perguntar. Foi quando descobri, apesar de já ter percebido grande mudança em seu comportamento. Sempre fechado e cheguei a vê-lo chorar por diversas vezes. Mas nada me falava do porquê das lágrimas e até disfarçava.

– Compreendo. Mas vamos, então, fazer assim: vigilância sobre a ingestão dos medicamentos, que não poderão ficar em lugar conhecido por ele, e acompanhamento constante de seus passos. E repito: me comunique sobre qualquer mudança em seu comportamento, seja para pior ou para melhor.

– Eu e minha filha faremos como o senhor está recomendando.

※※※

– E o papai, mamãe? Estou tão preocupada –

pergunta Solange, filha de Otávio e Silmara, assim que esta, chegando do médico e instalado o marido em seu quarto, retorna para a sala de estar da casa.

– O doutor Leonardo disse que teremos de manter seu pai sob vigilância para que ele tome os remédios na hora certa e que o acompanhemos se ele, de repente, resolver sair.

– O que poderá ser, mamãe? Tenho tanto medo. Nunca vi papai assim desse jeito.

– Eu também, mas o médico disse que ele irá melhorar, pois já teve outras experiências com pacientes como ele.

Solange, filha única, de vinte e seis anos, entra em pranto. A mãe a abraça e procura acalmá-la.

– Sabe o que penso, filha?

– O que, mamãe?

– Imagino que foi por causa da firma onde ele trabalha.

– Por causa da promoção que ele tanto esperava e que não recebeu na empresa?

– Isso mesmo. Há tempos ele esperava essa promoção e, quando chegou o momento, trouxeram um funcionário de uma outra das empresas e lhe deram o cargo.

– Papai dá muita importância a esse seu emprego, não?

– Tanta que raríssimas vezes faltou ao serviço,

sempre trabalhando até mais tarde. Não faltava nem quando estava doente. Tudo em benefício da firma.

– E por que não lhe deram o cargo, mamãe? Injustiça?

– Não sei, Solange. Eu não entendo nada disso. Talvez o moço que hoje ocupa o lugar, tão almejado por seu pai, tenha melhores condições. Hoje, os mais jovens são mais preparados. Otávio já tem sessenta e sete anos. Conhece pouco a língua inglesa e a informática. É bastante esforçado e até frequentou cursos, mas não é mais um jovem que aprende tudo tão facilmente. Você mesma sabe mais que ele.

– Papai ainda é do tempo, mamãe, que antiguidade dava direito a cargos. Hoje as coisas mudaram muito.

– E penso que esse seu desgosto, essa sua revolta, acabaram por deixá-lo doente.

– Pobre papai. E ele nem precisa tanto dessa promoção. O que ele ganha na empresa é suficiente para vivermos, cursei uma universidade, temos um bom automóvel...

– Você tem toda a razão, filha. Essa empresa sempre nos sustentou muito bem. Mas, a vaidade, o orgulho...

– A ganância, mamãe?

– Também. Seu pai sempre quis subir na vida para aparentar sucesso perante as pessoas, principalmente a nossos parentes. E veja que temos uma situação financeira melhor que a de todos eles.

– E o que podemos fazer, mamãe?

– Apenas aguardar e rezar, Solange. Deus haverá de nos ajudar e tudo dará certo.

– Tomara que papai sare e que mude esse seu jeito de pensar e de ser.

– Faremos ele mudar.

* * *

Nesse instante, numa das empresas, que é de propriedade do dr. Nelson, Roberto, seu filho, conversa com um dos funcionários.

– Tem mais notícias de Otávio?

– Não, senhor. Estive há pouco, no horário do almoço, em sua casa e ele quase não fala. Fica em silêncio, como se estivesse vivendo em outro mundo.

– Você sabe quem é o médico que está cuidando dele?

– Não sei, senhor.

– Bem, vou até a seção do pessoal e pedir o telefone de sua residência. Tentarei falar com sua esposa. Ele sempre foi um bom funcionário e está conosco há muito tempo. Começou a trabalhar aqui com vinte e poucos anos, desde que papai assumiu a empresa. No início, era o braço direito dele; depois, firmou-se nesta seção. Preciso avisá-lo de que ele está doente. Penso, até, que há tempos papai não fala com ele. Um bom funcionário...

– É sim. Sempre se mostrou muito aplicado e é amigo de todos nós da seção. Um bom homem.

Nesse momento, chega Péricles, o novo chefe da seção, cargo que Otávio ansiava em ocupar.

– Bom dia, senhor Roberto.

– Bom dia, Péricles.

– Vocês estão falando de Otávio?

– Sim – responde o empresário. – Ferreira está me relatando que ele se encontra muito doente. Na verdade, com forte depressão.

– Sei que andou faltando ao serviço por uma semana. E nem a esposa sabia disso e nem por onde ele andava. Cheguei a falar com ela, por telefone.

– Nunca reclamou de nada. Sempre teve ótima saúde. De uns tempos para cá começou a agir estranhamente. Sempre calado, desgostoso. Agora, há cerca de uma semana é que não veio mais trabalhar.

– Há quanto tempo, precisamente, ele começou com esse comportamento estranho, Ferreira? – pergunta Péricles.

– Creio que há uns dois meses.

– Desde quando assumi o cargo de chefia, não é?

– Sim, penso que...

– Pensa que...

– Nada, não, senhor. Só pensei alto – responde o homem, visivelmente arrependido do que lhe escapara dos lábios. E tenta desconversar, mas não consegue. Péricles insiste, enquanto Roberto se limita a ouvir o diálogo.

– Você está querendo dizer algo, Ferreira? Este é o momento certo, já que nosso patrão se encontra aqui conosco.

– Não, não...

Péricles, após refletir um pouco, dispara:

– Pois eu vou lhe dizer o que quase deixou escapar.

Ferreira sente o rosto avermelhar e queimar, tão atrapalhado e arrependido.

– Você quis dizer que Otávio começou a sentir-se assim depois que eu assumi este cargo que ele esperava fosse dele, não é?

– Bem...

– Não se preocupe, Ferreira. Eu sempre percebi que não era somente ele que pensava assim. Já ouvi alguns trechos de conversa que se interromperam quando me aproximei de alguns dos funcionários. Realmente, Ferreira, este cargo deveria ter sido dado a ele, principalmente pela sua antiguidade no setor e pelo grande conhecimento prático que possui com respeito aos serviços. Porém, na atualidade, os critérios para promoções numa empresa moderna como esta são bem diferentes. As empresas têm necessidade de profissionais que possuam mais conhecimentos em determinadas áreas, pois sabem que essas pessoas prontamente aprenderão o serviço, onde quer que estejam e que, certamente, em muito ganharão com o desenvolvimento de novas técnicas de produção. Otávio era e continua sendo um ótimo funcionário, mas não o bastante para usar a criatividade, tão exigida, hoje, nas indústrias. Além do mais, esta empresa abriu um concurso para este cargo, para funcionários da área de qualquer de suas filiais; eu o prestei e passei com ótima classificação e aqui estou. Otávio também poderia ter prestado essa prova, mas não o fez. Que culpa tenho eu? Nem o conhecia.

– Sabemos disso, seu Péricles, mas sabe como é... Otávio, como já disse, sempre foi um funcionário muito dedicado e, veja bem, não estou falando por ele, falo o que penso. Tenho certeza de que ele imaginava que esse cargo seria dele, por merecimento e por tanta dedicação. Realmente, o senhor não tem culpa. Foi aberto um concurso, o senhor concorreu, foi aprovado e assumiu. Ninguém tem nada contra o senhor. Muito pelo contrário. O senhor é um bom homem. Mas... o Otávio...

– Eu não sei o que dizer, seu Roberto.

– Não se preocupe, Péricles. Você não tem nada a ver com isso. Vou procurar ajudar o nosso Otávio. Falarei com sua família e com ele, quando for possível. Talvez alguma outra colocação. Afinal de contas, realmente, sempre foi um bom funcionário.

✳✳✳

– Telefone para a senhora, mamãe – chama Solange.

– É da empresa, filha?

– Não sei. Vou perguntar. Alô! Quem deseja falar com ela?

– Aqui é Arlete, secretária de seu Roberto. Da empresa onde seu pai trabalha. Seu Roberto deseja falar com sua mãe.

Solange tampa o bocal do telefone com a mão e informa Silmara, em voz baixa:

– É seu Roberto, mamãe. Lá da empresa. Roberto é o filho do dr. Nelson.

– Seu Roberto? O que será que ele quer? – pergunta, aflita, enquanto toma o telefone das mãos da filha.

– Alô? Seu Roberto?

– Dona Silmara, esposa de Otávio?

– Sim.

– Minha senhora, sou o patrão de seu marido e gostaria muito de saber sobre o seu estado.

– Bem, seu Roberto, ele começou hoje um tratamento com um médico psiquiatra, através de medicamentos. Agora, teremos de aguardar para vermos o resultado.

– Senhora, gostaria de me colocar à sua disposição para o que for necessário e a qualquer momento. Também lhe informo que seu marido continuará a receber seus proventos até que volte a trabalhar, sem nenhum desconto.

– Nós agradecemos muito, seu Roberto. Que Deus o abençoe.

– A propósito, o convênio que têm está cobrindo ou irá cobrir todos os gastos?

– Penso que sim. Por enquanto, nada nos foi cobrado.

– Se precisarem realizar algum gasto além do convênio, por favor, me comuniquem. Minha secretária vai lhe passar meu telefone. E, por favor, diga que lhe mando um abraço e que irei visitá-lo assim que for possível e peço à senhora que me avise quando achar conveniente essa visita.

– O senhor poderá vir quando quiser, seu Roberto. E muito obrigada, em meu nome e no de minha filha, pelo interesse do senhor e pela oferta. Deus lhe pague. O senhor é um homem muito bom.

– Não faço mais que minha obrigação, senhora, e, além do mais, tenho muito apreço pelo Otávio. Em nossas empresas e, mesmo nesta, a qual estou encarregado de supervisionar mais de perto, possuímos muitos funcionários e, sinceramente, não conheço todos, mas conheço muito o seu marido, pela proximidade maior que tenho nesse setor em que ele trabalha. É um homem de muito valor. Até mais, senhora e, por favor, não desligue. Vou pedir à minha secretária que lhe forneça alguns de meus telefones.

– Eu aguardo e muito obrigada, mais uma vez.

III

Seu Haroldo

– Pois não? – atende Haroldo, abrindo a porta de sua casa, após Narciso ter tocado a campainha.

– Senhor Haroldo?

– Sim. Que deseja?

– Gostaria de falar com o senhor. Meu nome é Narciso. Sou filho do dr. Nelson.

– Do dr. Nelson? Pois entre, Narciso, entre.

– Com licença e desculpe-me o horário.

O homem cumprimenta o moço e o faz entrar e sentar-se na sala de visitas.

– Muito prazer. Você quer falar comigo...

– Sim.

– Pois fique à vontade; estou à sua inteira disposição.

– Obrigado – agradece Narciso, ficando por alguns segundos em silêncio, mesmo porque não tem ideia de como começar.

– Mais uma vez, peço-lhe que fique à vontade.

– Bem, seu Haroldo, o que está acontecendo é que vi meu pai entrar no Centro Espírita aí defronte e fiquei muito curioso por isso. E conversando com duas senhoras, antes que lá também entrassem, tive a revelação de que meu pai tem frequentado essa casa.

– Sim, isso é verdade. E o que mais elas lhe disseram?

– Que meu pai descobriu que é médium... médium vidente e que viu um Espírito feminino que lhe pediu para procurar pelo senhor. Nunca meu pai me disse nada, nem a meu irmão ou à minha irmã sobre isso. Na verdade, papai nem nunca foi muito religioso. Estou estranhando tudo isso. E como não gostaria que ele soubesse que eu o andei seguindo, resolvi vir perguntar ao senhor... porque essas senhoras me disseram, também, que ele já foi seu amigo.

– Isso também é verdade, Narciso. Fomos amigos há muitos anos, quando ele começou a gerir os negócios das empresas. Depois, com o tempo e os muitos compromissos dele, acabamos nos afastando naturalmente. Sua mãe também era muito amiga de minha esposa.

– Mas por que todo esse segredo? Não consigo entender. Papai, médium? Espírita?

– Bem, Narciso, não saberia lhe dizer ao certo por

que ele não lhes falou a respeito. Realmente, ele me disse que ninguém sabia sobre esse seu interesse pelo Espiritismo.

– E há quanto tempo ele vem frequentando o Centro, seu Haroldo?

– Creio que há umas cinco semanas.

– E por que esse Espírito lhe pediu que o procurasse? A propósito, esse Espírito é minha mãe?

– Sim. Foi o que ele me relatou. Disse-me que já estava para se deitar quando uma leve sensação de torpor lhe acometeu a mente e viu sua esposa a poucos metros dele.

– Mas não teria sido um sonho?

– Ele tem certeza que não e também penso assim.

– E o que o faz pensar assim?

– Porque eu estava precisando dele, ou melhor, de alguém que pudesse realizar um trabalho muito importante para a Doutrina Espírita.

– Um trabalho?

– Isso mesmo. Pelo que fiquei sabendo, vocês possuem, além de outros negócios, uma sociedade em uma editora de grande porte.

– Sim, e talvez pudesse editar alguns livros espíritas. Acertei?

– Isso mesmo. Nós possuímos uma pequena editora, mas não possuímos gráfica para imprimi-los.

Precisamos imprimir em gráfica comercial e os preços estão cada vez maiores. E penso que, talvez, agora, se seu pai realmente se interessar pela Doutrina Espírita, possa nos ajudar, com um preço um pouco mais acessível. A propósito, tenho recebido alguns originais que talvez venham a se transformar num livro.

– Compreendo. É... pode ser... E talvez fosse essa a intenção de minha mãe lhe aparecer e lhe pedir que o procurasse...?

– Roberto, seu pai nunca me pediu segredo sobre tudo isso. Apenas penso que seria bom que ele mesmo lhe falasse, no devido tempo, ou seja, quando ele achar melhor falar sobre isso.

– Pode confiar em mim, seu Haroldo. Não vou dizer a ele sobre esta nossa conversa. Mas não poderei guardar esse segredo de meus irmãos.

– Não tem problema nenhum. Penso, até, que seria de bom alvitre que vocês soubessem. Dessa forma, quando ele lhes contar, tudo será mais fácil. Mesmo porque não sei o que você, seu irmão e sua irmã pensam sobre a Doutrina Espírita.

– Não pensamos nada, seu Haroldo, e nem temos nada contra. Minha irmã já chegou a ler algumas obras espíritas e diz gostar muito desse tipo de leitura, principalmente dos romances. E minha mãe, apesar de não frequentar nenhum Centro Espírita, lia muito sobre esse assunto. Acreditava na reencarnação e, às vezes, até se dizia espírita. De minha parte, assim como meu irmão, já ouvimos falar a respeito, apesar de nada termos lido.

– Muito bem, Narciso. Tudo começou numa noite em que eu já estava para fechar a porta do Centro e seu pai desceu de um carro estacionado no meio-fio, pedindo para falar comigo sobre algo muito importante. Nos abraçamos, comentando o que a idade tinha causado em nossa aparência e o convidei a entrar. Sentamo-nos em minha sala de trabalho e, então, ele me confiou o que acabei de lhe contar.

– E foi somente isso que ela falou a ele?

– Sim. Seu pai relatou-me que foi tudo muito rápido.

– E nunca mais teve essa visão?

– Não, mas ele tem sonhado muito com ela. Quase não se lembra do que sonha, mas sente-se muito bem ao despertar.

– E o que ele tem vindo fazer no Centro?

– Vem tomar passes e, como demonstrou interesse, comecei a lhe explicar o que é a vida do ponto de vista da Doutrina Espírita e até emprestei-lhe alguns livros para que ele pudesse estudar a respeito.

– E hoje ele voltou a vir falar com o senhor...

– Sim. Disse-me que já havia lido algumas obras que eu lhe emprestara e que estava começando a entender o porquê de muitas coisas. Além disso, revelou-me que tem se encontrado com sua esposa em sonho e que ela lhe indica assuntos de um dos livros que eu lhe emprestei para que ele se inteire mais sobre algo que ela considera muito importante.

– E quanto a esse livro que meu pai poderia editar? O senhor já lhe falou a respeito?

– Sim e essa é uma história muito interessante. Um dia, recebi um telefonema de uma senhora, que é diretora de um dos departamentos de um Centro Espírita do interior, dizendo-me que um andarilho que, por vezes, frequentava o albergue daquela instituição, era espírita e que vinha psicografando algumas mensagens, mas que, agora, tudo indicava que ele estava psicografando um livro e que ela tomava a liberdade de me enviar as primeiras páginas para que eu as lesse e as guardasse. E que esse andarilho, assim que escrevesse mais, ele mesmo me enviaria pelo correio, porque tinha medo de perdê-las em sua caminhada ou estragá-las. Pedia-me que as colecionasse e que, se porventura, esses escritos tivessem alguma valia, e realmente viessem a constituir um livro, que eu poderia publicá-lo. E dizia mais: que esse senhor cederia todos os direitos de impressão sem exigir nenhum pagamento por ele. Ela, então, enviou-me o primeiro manuscrito e, cerca de uns quinze dias depois, recebi mais uma parte, só que de uma outra cidade, como pude verificar pelo carimbo do correio.

– E sobre o que ele escrevia?

– Tratava-se de uma história, que começava no momento da desencarnação, que é o termo que usamos para nomear a morte do corpo físico, de uma pessoa, mais precisamente, como pude constatar pelos escritos, de um negro escravo.

– Negro escravo?

– Isso mesmo. E confesso que fiquei bastante impressionado pela forma como aquele médium escrevia e, principalmente, pela riqueza dos detalhes dos fatos que ocorrem nos momentos que antecedem a desencarnação, ou seja, no desligamento do Espírito com o corpo, bem como sobre os fios vitais que os ligam. Depois, o momento do despertar na verdadeira dimensão da vida, que é a vida espiritual ou plano espiritual e algumas explicações mais. Nessa primeira vez, foram apenas seis folhas manuscritas. Fiquei muito curioso até que, cerca de quinze dias depois, recebi outro envelope com a continuação da história. Creio que será um bom livro e por isso falei com seu pai sobre o meu plano de editá-lo, assim que terminar de receber todo o material.

– E papai leu esse material?

– Já leu dois dos envelopes e, como eu, sofre com a curiosidade, principalmente porque não sabemos quando iremos receber o próximo.

– E ele está entendendo tudo o que diz lá?

– Sim, apesar de ter-me feito algumas perguntas a respeito. E tenho o maior interesse em informá-lo.

– Vocês falam e acreditam muito em encarnação, reencarnação, coisas desse tipo. O que os fazem pensar assim?

– A Doutrina Espírita nos explica a vida através das diversas encarnações pelas quais passamos, por dois simples motivos: justiça e, principalmente, aprendizado. Veja bem: não sei que religião professa, mas, quase a maioria delas acredita em céu e inferno, onde, depois da morte, poderemos ser eternamente felizes ou eternamente infelizes, com sofrimentos atrozes, certo?

– Sim. Os bons iriam para um paraíso e os maus para um inferno pleno de suplícios.

– E você acha isso justo?

– Penso que seria uma maneira de os homens se comportarem como cristãos.

– Onde quem errar não poderá ter mais nenhuma chance. Diga-me uma coisa: se, um dia, um seu filho errar, você não seria capaz de perdoá-lo e dar-lhe uma nova chance de se modificar e de não errar mais?

– Bem... sou solteiro e não tenho filhos, mas penso que sim. Meu pai, mesmo, assim o faria.

– E por que acha que Deus, infinitamente bom, não agiria, também, dessa forma? Você ou seu pai são melhores que Ele?

– De forma alguma. Mas o que as diversas encarnações têm a ver com isso?

– Uma maneira de voltarmos a conviver com pessoas às quais causamos algum mal, com a oportunidade de reparar, de alguma forma, esse mal. E, também, a oportunidade de vivermos situações que ainda não vivenciamos, a fim de aprendermos a agir corretamente nessas mais diversas ocasiões, sempre em relação com o próximo. E complementando um pouco mais sobre essa questão de algumas religiões crerem que possuímos somente uma vida na Terra, vou lhe passar um exemplo muito interessante. Um exemplo muito bem construído, num livro que li há pouco tempo. Você quer me ouvir?

– Lógico. Estou interessado.

Haroldo, então, procura uma página de um livro que apanha em uma estante e lê:

– Veja bem: não podemos crer numa punição eterna denominada inferno, pois senão, haveria aí uma grande injustiça por parte do Criador, que possa dar essa destinação a um pecador que morre com idade madura e vai para esse inferno, com um bebê que morre em tenra idade e não teve oportunidade de demonstrar se, vivendo até essa mesma idade madura, teria merecimento para ir para um paraíso ou para um local de padecimentos.

– Isso é verdade.

– Além do mais, não é uma idade média de cerca de sessenta e poucos anos de vida que dará condições a um ser humano de chegar até Deus. Uma só encarnação é muito pouco para o aprendizado, além do que, uns vivem experiências diferentes das de outros.

– E quanto àqueles que creem que tudo termina com a morte?

– Se não houvesse uma continuidade após a morte do corpo físico, de que adiantaria para o Espírito encarnado ser bom? Que recompensa ele teria se tudo acabasse com a morte? Estariam sendo beneficiados aqueles que somente gozaram os prazeres da vida material, mesmo à custa de seus irmãos, não acha? Pois se tudo terminasse com a morte, não teriam de arcar com as consequências de seus atos.

– O senhor diz que reencarnamos para repararmos males cometidos em encarnação passada, mas... se não nos lembramos de nada...? Ainda não consegui entender.

– Deus, através de Sua Misericórdia, nos propicia a dádiva do esquecimento do passado, senão seria impossível vivermos juntamente com as pessoas com quem temos débitos a resgatar. Você já pensou como seria difícil ou, até mesmo, impossível, convivermos com uma pessoa sabendo que ela nos fez um grande mal em outra vida, ou, pior ainda, se ela soubesse o mal que lhe fizemos?

– Mas para que tudo isso?

– Imagine uma pessoa que tenha um ódio muito intenso por outra, por causa de algo ruim que ela lhe causou. Quando ela estiver sem o corpo físico, esse ódio continuará, e como seria a melhor maneira de se livrar desse ódio que tanto a faz sofrer, porque, na verdade, o ódio traz muito sofrimento às pessoas? Apenas trocando esse ódio por amor.

– O senhor poderia me dar um exemplo?

Seu Haroldo sorri, procura uma outra página do livro e continua:

– Vamos imaginar que você tenha um ódio muito grande por alguém. Que depois de desencarnados, você reencarne, cresça, se case, tenha um filho e que esse seu filho seja essa pessoa, esse Espírito a quem você tanto odiava. E não sabendo que esse seu filho era aquele mesmo Espírito a quem você tanto odiava, o que vai acontecer? Você vai amá-lo desde pequenino, vai vê-lo crescer, vai educá-lo e, se um dia, quando liberto da matéria, vier a saber que ele foi no passado aquele Espírito que tanto mal lhe fez, não vai mais conseguir odiá-lo, porque já trocou esse ódio pelo amor paterno.

– É... tem lógica. Gostaria de saber mais a respeito dessa Doutrina, mas já ocupei muito o seu tempo. Agora, o que o senhor acha que devo fazer em relação a meu pai?

Seu Haroldo pensa um pouco e aconselha:

– Se você achar uma boa solução, podemos fazer o seguinte: já que demonstrou certo interesse a respeito da Religião dos Espíritos, leve este livro e procure inteirar–se um pouco mais sobre o assunto. Fale com seus irmãos a respeito do que está acontecendo com seu pai e, quando ler, pelo menos alguns capítulos, deixe o livro em lugar bem visível para que ele o veja. Com certeza, irá lhe perguntar sobre isso e você lhe dirá que o emprestou de um amigo porque estava curioso sobre o Espiritismo. Pode ter certeza de que os acontecimentos fluirão naturalmente.

– Uma boa ideia. Só que nunca menti para papai.

– Você apenas estará praticando o que poderemos chamar de uma "mentira branca".

– "Mentira branca"?

– Sim. Muitas vezes, temos de inventar alguma coisa, uma "mentirinha branca", para conseguirmos algo melhor. Logo, logo, poderá revelar a seu pai essa sua estratégia para falar com ele sobre esse assunto. Creio que se divertirão muito com essa bem arquitetada "mentira branca".

– É... pode ser... uma "mentira branca"... – diz o rapaz, divertindo-se.

– Não tenha receio, Narciso. Esse tipo benéfico de mentira sempre existiu. Se é para o bem, por que não? Vou lhe dar um exemplo: você vai visitar um conhecido num hospital e sabe que seu caso é muito grave. Você lhe diz isso se ele lhe perguntar?

– O senhor tem razão. Bem, muito obrigado, seu Haroldo. Posso voltar outras vezes, se for preciso?

– Quantas vezes quiser. E tenho certeza de que muito em breve o verei com seu pai lá no Centro.

IV

Seu Agenor

– Mas, o que está acontecendo? Por que tanto alvoroço? – pergunta dona Elza às pouco mais de sessenta pessoas que aguardam a refeição da noite num albergue pelo qual ela era responsável, numa instituição espírita daquela cidade do interior, onde os trabalhadores eram, como ela, voluntários. Tratava-se de uma pessoa que, em pé, falava aos demais, e todos, não só aparentavam muita alegria, como falavam ao mesmo tempo uns com os outros.

Com a chegada daquela que era, por eles, considerada grande benfeitora, apesar de ela haver chegado há alguns meses àquela cidade e, em pouco tempo, ter sido admitida nos trabalhos da instituição, mais precisamente, na direção daquele trabalho assistencial, em substituição à dona Heloisa, que passara a cuidar agora dos trabalhos de evangelização, o que estava em pé sentou-se e o silêncio voltou a reinar. Aquela casa espírita, não somente oferecia pousada aos viajantes, a maioria, andarilhos sem rumo, como também alimentação para qualquer pessoa que necessitasse. E, para ali, acorriam muitas famílias para, muitas vezes, servirem-se da única refeição do dia e, quando sobrasse comida, levarem-na para que pudessem almoçar no dia seguinte. E muitos outros benefícios eram oferecidos, como leite em pó para as crianças, pães, roupas, cobertores, remédios e muito carinho. Muitos dos andarilhos quase sempre ali se alimentavam, porque, após descansarem seus corpos no albergue, pelo máximo de três dias, conforme o regulamento da casa, tomavam rumo em direção a outras cidades e albergues, retornando algum tempo depois, realizando como que um rodízio pelas acolhedoras casas a serviço de Jesus.

— O que foi que aconteceu, Severino? — torna a perguntar a senhora, agora, diretamente àquele que falara aos outros, como a lhes transmitir importante notícia.

O homem baixou a cabeça, envergonhado pelo tumulto que provocara. Dona Elza aproxima-se dele e pergunta-lhe novamente:

— E, então, Severino? O que é que está acontecendo?

— Fale, Severino — solicita uma senhora, sentada próxima a ele.

— Fale, homem — pede outro, seguido de outras solicitações.

Severino levanta-se, pede calma a todos e responde a Dona Elza:

– Bem, senhora. Estou retornando, hoje, de minhas andanças e há alguns dias encontrei o seu Agenor. E ele vinha nesta direção. Conversei com ele e fiquei sabendo que, sexta-feira, agora, ele virá a este albergue.

E dona Elza, que não havia percebido que a euforia era de satisfação, pergunta:

– Seu Agenor... E quem é seu Agenor? Por acaso, estão com medo dele? Não precisam se preocupar. Aqui trabalhamos em nome de Jesus, com muito carinho, amor, mas não admitimos confusão.

– Não, senhora. Não temos medo. Estamos todos muito contentes. A senhora nunca ouviu falar de seu Agenor? Ele nunca esteve aqui?

– Não me lembro, Severino. Passa por aqui tanta gente e estou aqui há pouco tempo. Mas me expliquem: que alegria é essa?

– Todos gostam dele, principalmente os andarilhos como eu.

– E o que esse seu Agenor tem de tão especial?

– Ele faz milagres, dona Elza – responde uma senhora de idade avançada, frequentadora assídua das refeições, juntamente com seu filho, nora, e um neto de seis anos de idade. – Ele tem o dom de curar.

– Faz milagres? Já curou alguém aqui?

– Curou meu neto, dona Elza. O menino estava com muita febre. Uma febre que não passava de jeito nenhum. Nem com os remédios de dona Heloisa. Até um médico chegou a atendê-lo no pronto-socorro da Santa Casa. Isso aconteceu há cerca de um ano. Ele deu um passe na criança e, em pouco tempo, a febre desapareceu.

– Alguém mais foi curado por ele, aqui?

– Que eu saiba ninguém, dona Elza – responde a velhinha.

– Isso pode ter sido uma coincidência.

– Foi não, dona Elza – fala, agora, a mãe do menino.

– E como você pode ter tanta certeza?

– Meu coração de mãe, dona Elza.

– Mas não é só por isso, não – diz Severino. – Seu Agenor nos aconselha muito. E só fala verdades. Cada coisa que ele fala! Nos enche de esperança e, principalmente, uma grande fé em Deus. Fala nos Espíritos e que a vida é eterna e que não termina com a morte. Que todos nós somos filhos de Deus como qualquer outra pessoa e que, se estamos passando por tanta dificuldade, é porque temos de passar por esse ensinamento e que, um dia, teremos melhores oportunidades e que seremos melhores. E ele fala de uma maneira tão bonita. Só a senhora vendo ou, melhor, ouvindo.

– Ele é espírita?

– Diz que é e diz, também, que conversa com os Espíritos.

– E diz que não é ele quem fala, mas que um Espírito fala por ele – complementa um outro homem muito pobre.

– É médium – diz um outro.

– De qualquer maneira, dona Elza – retorna Severino –, médium ou não, seja ou não algum Espírito que fala por ele, tenho certeza de que isso acontece porque ele é um bom homem.

– E é mesmo – arremata um outro. – Da última vez que o encontrei, eu vi quando ele deu seu próprio agasalho para um outro andarilho que estava doente. E olhe que estava uma noite muito fria.

– Tem albergue espírita que, quando ele chega, já o colocam para fazer uma palestra no Centro.

– Eu não consigo acreditar no que estão dizendo – interrompe dona Elza. – Nunca ouvi falar desse senhor. Nunca ouvi falar que um andarilho estava fazendo palestras em Centros. Não que isso não possa ser possível, pois conheço um andarilho que é espírita e médium também. E se encontra aqui, hoje. É o Cal. É que nunca ouvi falar desse homem, chamado Agenor.

– É que ele só fala em Centros pequenos em que há falta de pessoas para fazer uma palestra. E ele é muito conhecido nesses lugares.

– Bem, vamos aguardar a sua chegada, então. Quero muito conhecê-lo. Seu Agenor... E, se não se importam, vamos começar a servir a refeição. Ou já perderam a fome, só em ouvirem falar do seu Agenor?

– Estamos com muita fome, dona Elza – responde Severino –, apenas gostaria de, em nome de outros aqui, lhe fazer um pedido.

– Pois faça, Severino.

– Bem... é que eu e mais ... deixe-me ver... mais seis caminhantes teremos de deixar o albergue antes de seu Agenor chegar e queríamos pedir à senhora que... bem... se não formos tomar o lugar de outros que possam chegar... gostaríamos que nos autorizasse a permanecer neste fim de semana. Iríamos embora na segunda-feira.

Dona Elza pensa um pouco e concorda, bem humorada:

– Tudo bem, Severino. Se houver leitos vagos, poderão ficar. Mas só por causa da presença de seu Agenor, está bem?

– Se não houver vagas, dormiremos debaixo da ponte, mas não perderemos essa oportunidade – responde o homem.

– Vamos, então, servir a comida. E, por favor, Severino, após a refeição, gostaria de lhe falar e, depois, com você, Cal – pede a senhora, dirigindo-se, agora, a um outro andarilho.

✳ ✳ ✳

Terminada a refeição...

– Pois não, dona Elza. A senhora queria conversar comigo, não é?

– Sim, Severino. Sente-se aqui. Gostaria que me falasse mais a respeito desse homem, seu Agenor.

– Pelo que sei, é um andarilho trabalhador, diferente de nós, que somente ficamos aí pela vida, sem fazer nada, cada um com os seus problemas – diz Severino, baixando a cabeça, um pouco envergonhado.

– Andarilho trabalhador?

– Sim. Seu Agenor percorre cidades, dormindo em albergues, quando há na cidade em que chega ou em pensões, quando tem algum dinheiro e, também, quando pode, viaja em ônibus, dependendo, como já disse, de sua situação financeira. Senão, viaja a pé, mesmo. É um caminhante diferente de nós. Procura estar sempre limpo, com as roupas lavadas, procura tomar banho, escovar os dentes, mas sempre muito simples. As poucas roupas que possui são ganhas, são usadas. Quando pode, corta os cabelos bem rentes. E, acredite, se quiser, nunca teve cáries e possui todos os dentes.

– Você me disse que ele é um andarilho trabalhador...

– Isso mesmo. Ele vende abridores de latas de porta em porta.

– Abridores de latas?

– Isso mesmo.

– Você me deixou curiosa, agora. E onde ele consegue esses abridores para vender?

– Ele os compra em armazéns das cidades por onde passa. Geralmente, compra vários e pede um abatimento no preço; depois coloca um pequeno lucro em cima e os vende.

– Bastante interessante.

– E ele vende mais alguns produtos que ele mesmo fabrica.

– Que ele mesmo fabrica?

– São objetos feitos de bambu. Seu Agenor já sabe onde os encontrar. E tem até permissão de alguns proprietários de terras para apanhá-los. Em seguida, corta-os em pedaços menores. E os proprietários dessas terras permitem que ele faça isso. Permitem porque sabem que ele, certamente, só corta o que aguenta carregar em uma bolsa a tiracolo e também, porque eles o conhecem e o admiram. E seu Agenor se utiliza de algumas pequenas ferramentas, tinta, pincel, barbante, elástico e alguns outros materiais que ele carrega consigo.

– E o que ele fabrica com esses pedaços de bambu?

– Bem... Que eu me lembre, ele faz jogo de dominó, porta copos, sinos de vento e outras utilidades que ele vai inventando.

– Interessante...

– Ah... E ele cativa as pessoas, também, com o Espírito do bambu.

– Espírito do bambu? O que é isso? – pergunta, curiosa, dona Elza.

– Ele diz que é um truque, mas pouca gente descobre. E quando alguém descobre, ele pede segredo e presenteia a pessoa com uma dessas peças.

– O Espírito do bambu é uma peça?

– Eu já o vi fazendo isso. Na verdade, trata-se de um pequeno pedaço de bambu, de cerca de uns quinze centímetros de comprimento. Uma das extremidades é fechada pelo próprio nó e a outra é aberta. Bem próximo à extremidade fechada, há dois pequenos furos, um de cada lado, por onde se vê passar um pedaço de elástico, feito de borracha de câmara de ar. Daí, ele tem um pequena vareta de madeira, um pouco maior que o bambu e que tem numa de suas pontas, um entalhe, como se fosse uma fisga.

— E o que ele faz com essas peças?

— Ele enfia a vareta dentro do bambu e diz que lá dentro tem um Espírito, o Espírito do bambu e que, apesar de pequeno, tem a força de dez homens.

— A força de dez homens...

— Isso mesmo. Então, ele se concentra e começa a puxar a vareta para fora, fazendo um grande esforço. Seu Agenor diz que o Espírito do bambu é quem está segurando a vareta e que ele quase não está conseguindo puxá-la para fora. Daí, quando a vareta já está quase toda para fora do bambu, ele parece não conseguir, mesmo, puxá-la mais e ela volta com toda a força para dentro do bambu.

— Mas só pode ser o elástico de borracha. Se há um elástico que passa por dentro do bambu e a vareta tem um entalhe, como uma fisga na ponta...

— Aí é que está o problema. Todas as pessoas, assim como eu, dizem a mesma coisa.

— E então?

— Então que ele entrega o bambu e a vareta para que as pessoas tentem fazer o mesmo. Eu, mesmo, tentei por várias vezes. Não há a menor possibilidade de se enroscar a vareta em elástico nenhum.

– Mas por que tem esse elástico?

– A explicação para essa pergunta, que, por sinal, todos fazem, é a de que o Espírito do bambu quer que se coloque essa tira de borracha para que as pessoas fiquem na dúvida sobre a sua existência. Seu Agenor diz que esse Espírito se diverte muito com essa dúvida.

Dona Elza começa a rir.

– Mas o segredo tem de ser esse elástico.

– Não é, dona Elza. O entalhe da vareta se localiza um pouco longe da extremidade da vareta. Não tem nada a ver com o elástico.

– Mas seu Agenor afirma que é um Espírito que segura a vareta? Ele acredita nisso?

– Não. Depois de brincar com as pessoas, ele diz que tudo não passa de um truque, mas, ao mesmo tempo, diz que não pode revelar o segredo. Que esse segredo somente pode ser descoberto e não revelado. E daí as pessoas perguntam para ele o porquê.

– E ele?

– Seu Agenor sorri, brincalhão, e zomba mais um pouco, dizendo que são instruções do Espírito do bambu. E todos se divertem.

– E depois disso, já estou imaginando, ele oferece seus produtos para que as pessoas comprem.

– Isso mesmo. E muitos compram, não sem antes ouvir, de seu Agenor, variadas frases que ensinam sobre a vida e a felicidade. Sempre falando de Jesus e dos ensinamentos dos Espíritos.

– Interessante esse homem.

– E é com esse dinheiro que ele ganha, que consegue se manter. Quando não há algum albergue para dormir, ele paga um quarto ou pensão e, se não consegue um prato de comida, compra alguma coisa para comer. E pode, também, às vezes, se a distância é longa, comprar uma passagem de ônibus.

– E você não acha, Severino, que poderia seguir o exemplo dele? Você e tantos outros que vivem a perambular por aí, sem nada fazer?

– Sei disso, dona Elza, e muitos gostariam de ser como ele, mas nos falta vontade, sabe?

– De qualquer maneira, o admiram por ele ser assim?

– Isso é verdade. E todos gostam muito de ouvi-lo falar. Sabe, dona Elza, todos que o ouvem e eu pude ouvi-lo algumas vezes, sentem, naquele momento, enorme vontade de se modificar, de mudar de vida, mas depois que ele vai embora, tudo volta à antiga e continuamos como somos.

– E por que é que nenhum de vocês caminha junto dele? Poderiam aprender muitas coisas.

– Isso não é possível, dona Elza.

– E por quê?

– Porque sabemos que ele gosta de seguir sozinho o seu caminho e também pensamos que ele quer que nós nos modifiquemos por nós mesmos.

– Entendo. Tudo bem, Severino. Agora, você já pode ir descansar. Cal, por favor.

O homem se aproxima e senta. Cal, e esse é seu apelido, é, também, um andarilho que muito conhece sobre a Doutrina Espírita e que, às vezes, sente impulso de escrever, mediunicamente. Velho conhecido do Centro, por diversas ocasiões mostrou escritos seus a Carlos, o presidente da instituição, que os considerou muito bons, tendo impresso alguns deles para distribuí-los nas reuniões de passe, haja vista tratar-se de mensagens de otimismo e de ensinamento. E sempre que Cal tinha algum material, deixava-o com ele, para que os guardasse e não viesse a perdê-lo ou que se estragasse em suas caminhadas. Desta feita, com dona Elza, à frente do serviço de assistência a esses necessitados, Carlos delegou a ela essa função. Porém, numa das passagens de Cal pelo albergue, este lhe mostrou o início de uma comunicação, na verdade, a de um escravo que começava a descrever a sua própria desencarnação. Nessa ocasião, dona Elza, bastante impressionada com o teor dos escritos e, imaginando tratar-se de um futuro livro, resolveu falar com seu Haroldo, que administrava uma editora espírita. Falou com ele por telefone e enviou-lhe as primeiras páginas, combinando que o próprio Cal lhe enviaria as demais, pelo correio, porque não saberia onde ele poderia se encontrar quando as escrevesse.

– E, então, Cal, tem enviado mais escritos para seu Haroldo?

– Oh, sim, dona Elza. Eu lhe enviei uma remessa,

depois que a senhora remeteu aquele primeiro que lhe deixei. Logo mais, na próxima cidade, penso que conseguirei enviar outro.

– Pois vou lhe dar uma quantia em dinheiro para que você o remeta.

– Não é preciso, dona Elza. Eu me arrumo.

– Pois faço questão, Cal.

– Será uma ajuda. Deus lhe pague.

– Você é um homem muito bom, Cal.

– Não sou bom, não. Apenas sobrevivo e aceito fazer o que os Espíritos me pedem.

– Deus o abençoe.

Cal se retira e dona Elza comenta consigo mesma:

– A Doutrina Espírita, realmente, está, cada vez mais, conquistando o coração das pessoas. Primeiro, Cal. Agora, esse seu Agenor... mais um andarilho espírita. E faz palestras...

V

O APOIO AO PAI

Naquela mesma noite, Narciso reúne-se com Roberto e Mara e conta-lhes o ocorrido, a conversa com seu Haroldo e a ideia de fazer com que o pai venha a saber do interesse dos filhos, pelo menos o de conhecer um pouco sobre a Doutrina Espírita. E resolvem que, no dia seguinte, irão adquirir em uma livraria mais dois exemplares daquela obra, que o homem emprestou a Narciso, a fim de se inteirarem, realmente, sobre o assunto. Mara, então, se propõe a auxiliá-los em algumas dúvidas, pelo fato de já haver lido um pouco a respeito.

E assim o fazem. Narciso parece ter-se interessado bastante, pois percebe efetiva justiça nos desígnios do Alto, através da reencarnação, e sente enorme satisfação em perceber que a vida, realmente, continua, e sobre a possibilidade do reencontro das pessoas que se amam.

Alguns dias depois, os três irmãos se encontram

reunidos na sala de estar, conversando sobre o que já leram e decididos a levar adiante o plano de fazerem o pai perceber que também se encontram interessados no assunto. Para tanto, deixam um dos livros sobre a mesa de centro que se encontra à frente das poltronas que ocupam. O pai está para chegar.

Mara, então, com um outro exemplar em sua mão, comenta sobre um assunto que acha deveras interessante:

– Vocês já leram o que este livro diz a respeito do encontro espiritual entre um encarnado e um desencarnado, durante o sono, como tem acontecido com papai?

– Já li, sim, Mara – responde Narciso.

– Ainda não cheguei nesse ponto – responde Roberto.

– Pelo que pude entender, durante o sono, o Espírito desprende-se do corpo, através do fenômeno denominado emancipação da alma, permanecendo a ele ligado por cordões de luz, e que, revestido pelo perispírito, entra em contato com o Plano Espiritual. Alguns, após esse desprendimento, participam, juntamente com Espíritos mais evoluídos, de atividades de aprendizado ou de auxílio a Espíritos necessitados, encarnados ou não. A maioria, infelizmente, ainda não consegue ter uma participação sublime como essa e tende a se encontrar com Espíritos afins e, com eles, vivenciar procedimentos de diversas ordens de viciações e erros. Quando despertam do sono, não se lembram desse intercâmbio, vindo-lhes, à memória, apenas cenas e acontecimentos de um sonho com informações contidas no cérebro material e que são liberadas nesse estado de adormecimento.

De outras vezes, o Espírito, após acordar, chega a recordar-se vagamente de suas atividades extracorpóreas, porém, lembranças essas como que embaralhadas com as imagens do sonho cerebral, mais ligadas à vida cotidiana. São raros os casos em que o Espírito consegue se lembrar total ou quase totalmente dos acontecimentos do Plano Espiritual.

– Que deve ser o caso de papai, que quase não se lembra do que fala com mamãe, mas sente que esteve com ela e desperta feliz com isso.

– Agora, uma pergunta – interfere Roberto: – e quando nos desprendemos do corpo, quando nosso corpo adormece, encontramos somente com Espíritos desencarnados ou, também, com outros Espíritos que se encontram na mesma situação que nós, ou seja, dormindo?

– Pelo que já li, mais à frente – responde Mara –, os Espíritos encarnados, quando libertos pelo sono, também se encontram e, muitas vezes, dirigem-se juntos ao encontro dos Espíritos mais evoluídos, para aprenderem ou fazerem algum trabalho no Bem, ou se juntam a Espíritos do plano de lá em busca de prazeres, divertimentos, ou atos violentos de vingança contra Espíritos encarnados, adormecidos ou não.

– E o que aprendemos do lado de lá, quando da emancipação da alma, ou seja, durante o sono, não nos esquecemos? – torna a perguntar Roberto.

– Nada se perde, Roberto. Podemos não nos lembrar, mas, por certo, assimilamos essa experiência em nosso Espírito, influenciando nossos futuros atos, desde que tenhamos, realmente, aprendidos.

Nesse momento, chega o dr. Nelson, trazendo uma pasta em uma das mãos e um jornal dobrado na outra. No meio dele, um livro.

– Boa noite, filhos. O que estão tramando, assim reunidos?

– Boa noite, papai – responde Mara. – Estamos conversando um pouco e aguardando-o para o jantar.

– Gosto muito de vê-los dessa maneira. Todos juntos – complementa, colocando a pasta sobre um aparador e o jornal com o livro, debaixo dela. Caminha em direção aos jovens e senta-se em uma das poltronas. Nesse momento, ao cruzar as pernas para se colocar mais à vontade, seu olhar é atraído para o livro que se encontra sobre a mesa de centro.

– Será que esqueci esse livro aqui? – pensa, assustado. – Não, o meu está ali, no meio do jornal. Será que...? Não...tenho certeza de que ele está lá...

E, num ímpeto, apanha o exemplar de sobre a mesa e pergunta:

– De quem é este livro?

– É meu, papai – responde Narciso. – Mara também tem um.

– Também tenho um lá no escritório – diz, por sua vez, Roberto.

O homem olha para os filhos, sem nada entender, e estes acabam até por se divertir com aquela situação que, sem querer, acaba se tornando hilária.

– Vocês três estão lendo o mesmo livro? E cada um tem um?

– Narciso ganhou um exemplar, começou a ler, achou interessante e acabou comprando um para mim e outro para Roberto – responde a moça.

O dr. Nelson fica alguns segundos sem saber o que dizer e acaba perguntando:

– E o que estão achando da leitura?

– Estamos muito empolgados, papai – responde Roberto. – É um romance espírita e que, durante o desenrolar da aventura, traz um verdadeiro curso de Espiritismo, pois aborda quase todos os assuntos dessa Doutrina, de forma simples e bastante didática, sem ser cansativa e sem fugir do enredo da trama da história.

– Sei... e vocês todos estão interessados pelo Espiritismo? Todos ao mesmo tempo?

– E por que não? O senhor também não está? – pergunta Narciso.

O homem pensa um pouco e, desconfiado de que seus filhos já podem estar sabendo sobre o que lhe está acontecendo, responde, após se levantar e se dirigir até onde se encontra o jornal, retirando de seu meio, o livro:

– Estou, sim. E estou lendo, ou melhor, já estou relendo esse mesmo livro.

Senta-se novamente e fica aguardando que um dos filhos tome a palavra, diante de tal coincidência ou de qualquer outra situação que esteja ocorrendo. Narciso não se contém e, para terminar com aquele mistério, resolve contar tudo, desde o momento em que seguiu o táxi, até a conversa que tivera com o presidente do Centro Espírita, na casa dele:

– Falei com seu Haroldo, papai, e ele me contou a seu respeito. Explicou-me algumas coisas e deu-me este livro. Conversei com Mara e Roberto e decidimos lê-lo para, se fosse o caso, e já decidimos que o é, auxiliarmos o senhor nessa sua empreitada, nessa sua tarefa, sei lá o que possa vir a ser. Acreditamos que o senhor viu mamãe e nos encontros que tem com ela durante o sono e queremos ajudá-lo, pelo menos, com a nossa compreensão. Também estamos interessados em ler os escritos que seu Haroldo tem recebido e, se for possível, gostaríamos de ajudá-lo a publicar. O que o senhor acha?

O dr. Nelson emociona-se e, com os olhos lacrimejantes, levanta-se e, já com os filhos em pé, abraça-os, agradecendo.

– Deus lhes pague, filhos, pela confiança em mim. Somente não lhes contei antes, porque temia que não acreditassem.

– E podemos ler o que seu Haroldo lhe passou?

– Podem, sim. Vou buscar a cópia que ele me entregou.

O homem dirige-se, então, ao seu quarto, trazendo algumas folhas, entregando parte delas a Narciso.

– Por favor, Narciso – pede Mara–, leia em voz alta.

O rapaz começa a ler, trazendo a todos enorme curiosidade pelo conteúdo.

VI

A LEITURA DO
PRIMEIRO MANUSCRITO

– *Lembro-me de ter ficado doente. Sentia muito frio e meu corpo doía muito, sempre deitado sobre um colchão de palhas, numa das casas dos colonos negros. Lembro-me, também, do esforço de meus companheiros escravos no sentido de curar-me. Colocavam barro sobre minha testa e partes de meu corpo no intuito de o esfriarem por causa da alta febre que eu tinha. Na verdade, chamo-os de companheiros escravos porque assim o foram, como eu também o fui, mas, nessa ocasião, já se haviam passado pouco mais de dez anos que a Lei Áurea nos havia libertado e morávamos e trabalhávamos numa fazenda de proprietários abolicionistas que nos haviam contratado, onde nos acolheram e nos acomodaram em casas simples e construídas para esse fim, já que a senzala de há muito não mais se prestava à finalidade de amontoar os cansados corpos dos negros.*

Apesar de tudo, a cada dia que passava, grande paz invadia o meu ser, ou seja, quanto mais o meu corpo se definhava e enfraquecia, mais tranquilo e, posso até dizer, mais extasiado me sentia com tudo à minha volta, principalmente porque esse ambiente que me cercava era, a meu ver, um misto de realidade e fantasia, como se estivesse a sonhar por todo o tempo.

Às vezes, parecia estar ainda vivendo os tempos de infância e outros raros momentos de felicidade junto aos outros escravos. Na verdade, até acabei chegando à conclusão de que esses instantes de alegria foram em número muito maior do que imaginava.

Também recebia visita de pessoas que não conhecia, a maioria de cor branca e algumas outras de pele escura, porém, todas envoltas por suave luz que, de madrugada, quando todos os outros escravos já dormiam, falavam comigo com muito carinho e impunham as mãos a certa distância de meu corpo, principalmente sobre minha cabeça.

Às vezes, me mostravam imagens, à minha frente, e, nesses momentos, parecia-me que se rompiam alguns fios escuros de meu corpo, como se fossem cordéis que desapareciam ao serem desligados. Sempre que isso acontecia, sentia-me bem melhor. De outras vezes, apontavam-me um caminho que eu deveria seguir, assim que fosse o momento adequado, com a forma de um túnel que terminava numa saída de muita luminosidade.

Eu nada entendia, mas não conseguia articular nenhuma palavra a fim de saber sobre tudo isso que ocorria. E permanecia em silêncio, a contemplar e a viver aqueles momentos de indescritível paz, como se nada *mais estivesse acontecendo e que o meu mundo houvesse parado no tempo.*

Por vezes, intentava falar com meus companheiros que cuidavam de mim, nos poucos momentos em que eu os via; queria lhes relatar ou, mesmo, lhes perguntar se também estavam vivendo aquilo tudo. Em raríssimas ocasiões chegava a ouvir, como lembrança de triste passado, lamentações de algum escravo que havia sido surrado no tronco ou o choro de alguma criança a suplicar pelo seio, já sem leite, de sua mãezinha. E isso muito me fazia sofrer, apesar de esses pesadelos serem, felizmente, de curta duração.

Em pouco tempo, já nem ouvia sons ao meu redor; somente suave melodia, parecendo sair de meu próprio cérebro. E o último som de que me lembro, vindo de um dos meus companheiros escravos foi: – Descanse em paz, "preto véio".

Foi aí, após essa frase, que me aflorou a ideia de que, talvez, estivesse morrendo e tentei movimentar-me, numa tentativa de retornar daquele estado de letargia no qual me encontrava, não sabia há quanto tempo, mas sem conseguir mover um músculo sequer, nem os olhos e nem a boca. E, pela primeira vez, cheguei a sentir um desespero apossar-se de mim. Afinal de contas, apesar de toda a minha idade, não pensava em morrer e comecei a desfalecer, não sem antes ouvir uma voz conhecida, talvez de alguma daquelas pessoas que me visitavam à noite: – Acalme-se, Sebastião, estamos cuidando de você. Não tenha receio.

✳ ✳ ✳

Não vou entrar em detalhes a respeito de quanto

tempo permaneci desfalecido, apenas posso dizer que, quase que num piscar de olhos, os abri, percebendo que poderia movimentar lentamente meu corpo, nesse momento, ainda frágil, mas sem dores e sem frio. Mais tarde, tomei conhecimento de que esse estado de "desfalecimento" havia durado um bom tempo, tempo esse no qual passei por intenso tratamento médico para a devida recuperação de meus órgãos cansados e enfermos.

Ainda deitado, porque, apesar de já conseguir movimentar-me, não tinha forças para me levantar da cama na qual me encontrava, olhei para os lados e percebi que me encontrava num grande cômodo, onde presumi haver mais pessoas deitadas, pois chegava a ouvir-lhes a respiração e alguns gemidos abafados. Porém não via ninguém, porque biombos com tecidos brancos, muito claros e limpos, cercavam o meu leito, podendo, apenas, divisar o alto teto, comum a todos, também de cor branca. O ar que respirava me parecia muito leve, pois pouco esforço pulmonar era necessário para inspirá-lo, e um suave aroma entrava por minhas narinas, trazendo-me enorme paz.

Deixei-me ficar ali estirado por considerável tempo, chegando a dormir mais um pouco, até que, assim que despertei, um senhor entrou por entre os biombos, cumprimentando-me, com muito carinho:

— E, então, Sebastião, sente-se bem?

Fitei longamente aquele homem de fisionomia tranquila, parecendo-me reconhecê-lo, e lhe respondi:

— Sinto-me muito bem, mas onde estou? Estava com meus companheiros escravos, lá na fazenda e, agora...,

— *Não se preocupe com isso, Sebastião. O que importa é que você se encontra restabelecido.*

— *Sentia-me tão fraco...*

— *Sabemos disso, mas já foi devidamente socorrido.*

— *Mas... e meus companheiros? – insisti.*

Nesse instante, parecendo conhecer os meus mais íntimos pensamentos, e principalmente a minha maneira de encarar a vida, crendo na justiça de Deus e na imortalidade da alma, já que não acreditava que tudo pudesse acabar com a morte, e mesmo porque, durante minha vida, por vezes, havia tido visões de pessoas que já haviam passado para o outro mundo, ou seja, como se costumava chamar, os Espíritos, declarou-me, sem rodeios:

— *Ficaram na Terra, Sebastião.*

✳ ✳ ✳

— *E onde me encontro? Isto é a morte?*

— *Apenas a morte do corpo. Realmente, Sebastião, você deixou seu corpo lá na Terra, mas veja que está mais vivo do que nunca e em melhor situação, pelo menos, mais saudável.*

— *É verdade. Sinto-me melhor, apesar da fraqueza de meus músculos, mas não sinto febre e nem dores. Apenas sinto sede. Qual o seu nome?*

— *Pode me chamar de Deodato, e tenho, agora, a tarefa de esclarecê-lo.*

Dizendo isso, aquele homem branco apanhou uma vasilha de um aparador, ajudou-me a me sentar na cama, com as pernas para fora e, segurando-me, deu-me de beber. Nunca, em toda a minha vida, havia bebido água tão cristalina e com um aroma que não tenho condições de descrever. E, à medida que ingeria tão precioso líquido, parecia que minhas forças voltavam, sentindo-me forte a ponto de Deodato não mais precisar me amparar. De qualquer maneira, pediu-me para me recostar novamente. Atendi-o prontamente e deitei-me. Em seguida, puxou uma cadeira e sentou-se ao meu lado.

— Preciso explicar-lhe algumas coisas, Sebastião.

— Por favor – pedi-lhe, e foi aí, somente nesse momento, que percebi que já não mais falava no meu linguajar característico dos que não se adaptaram e nem aprenderam a língua portuguesa e, conforme Deodato me falava, compreendia tudo com certa facilidade, estranha para mim, negro escravo, rude e ignorante. E, agora, passados muitos anos que isso ocorreu, já tenho condições de explicar, não da maneira tão simples que, na época, ele me explicou, mas com um pouco mais de detalhes, pois já aprendi muita coisa, desde então.

— Bem, como lhe disse, você já não se encontra mais entre os que vivem na Terra. O corpo que lá ocupava já se encontra enterrado há algum tempo.

— Mas, e este corpo?

— Esse corpo que você está fazendo uso, aqui nesta dimensão da vida, chama-se perispírito, Sebastião. É o corpo que os Espíritos continuam a utilizar quando não estão mais na Terra e retornam para a verdadeira pátria. Eu também utilizo um corpo como esse e veja que nós podemos nos tocar. Agora mesmo, eu o amparei com as minhas mãos.

– Mas parece tudo tão real.

– E é real.

– E este roupão que uso... Tão branco e limpo. Vejo, também, minhas calças, minha camisa e meu paletó pendurados naquele cabide. São as melhores roupas que já tive na Terra, apesar de serem usadas. Eu as ganhei do patrão.

– São suas. Não são aquelas com as quais seu corpo foi enterrado, mas são iguais.

– E isso acontece com todos os que morrem?

– Sim, porém com algumas diferenças que, com o passar do tempo, vai entender. Vou lhe explicar algumas coisas, Sebastião, que talvez não consiga entender de pronto, principalmente por causa de algumas palavras desconhecidas por você, mas peço-lhe que confie em mim, pois o que digo é a verdade.

– Confio em você.

– Pois bem, Sebastião – começou Deodato a me explicar e que, como já disse, para os tempos atuais, recorro aos conhecimentos que já possuo, para descrever as suas palavras de forma mais correta e inteligível –, Deus criou todo o Universo e todo esse Universo, no que se refere à matéria, é, digamos, feito do que chamamos de fluido universal. E o Espírito, criatura de Deus, possui, até onde podemos compreender, um corpo mental, um perispírito e, quando encarnados na Terra, um corpo carnal, sendo que o que liga o Espírito a esse corpo de carne é o perispírito.

– Agora entendo quando me disse que este meu corpo se chama perispírito.

– *Isso mesmo. O Espírito, criado por Deus, possui um corpo que, quando nesta dimensão, é revestido de um perispírito e que, para evoluir em direção à felicidade, Deus o faz conviver com outros Espíritos, revestidos, também, com um corpo carnal, que é uma cópia desse perispírito, em planos mais materializados, no caso, a Terra. Tudo para que possam, através das dificuldades dessa matéria, aprender a amar uns aos outros e que, depois da morte desse corpo mais material, que não é eterno e se desgasta, retorne ao verdadeiro plano da vida. E que, depois de algum tempo, diferente para cada Espírito, retorne ao plano material, reencarnando novamente, quantas vezes forem necessárias, para resgatar débitos com irmãos com os quais já conviveu, livre da lembrança da anterior vida material para que possa continuar a aprender e evoluir. E isso não é castigo, mas aprendizado. Também tenho a dizer que, muitas vezes, Espíritos se encontram tão ligados à matéria mais densa e longe dos pensamentos mais sublimes, que não se apercebem que já passaram para o Plano Espiritual e continuam, como se estivessem vivendo um sonho ou um pesadelo, a perambular junto àqueles com os quais viveram e a quem amaram, ocasionando, na maioria das vezes, por falta de preparo e conhecimento, perturbações na vida dos que permaneceram na carne.*

– *Continuam na Terra, junto aos encarnados?*

– *Isso mesmo. Porém, com o tempo, após o trabalho incessante de Espíritos do Bem, são esclarecidos e trazidos para este Plano. Por vezes, isso pode levar bastante tempo. Existem, também, Sebastião, Espíritos que sabem que já deixaram o corpo físico, mas querem se vingar de encarnados e fazem de tudo para influenciá-los, através da intuição, a cometerem desatinos ou, mesmo, envolvê-los com seu ódio, o que não é de todo difícil, principalmente se esse encarnado possui a consciência pesada ou possui vibrações, pensamentos e, consequentemente, atos de natureza inferior. Alguns, ainda, já adquiriram certo grau de adiantamento e para aqui vêm, sem nenhum transtorno.*

Narciso termina de ler e pergunta ao pai:

– E essa outra folha que tem em mãos?

– É a continuação das que acabou de ler. Chegou numa segunda remessa pelo Correio. Apenas uma página.

– Posso lê-la, também?

– Por favor.

Narciso, então, passa a ler, também em voz alta, para que todos ouçam, a continuação da narrativa da conversa de Sebastião com o Espírito Deodato, na verdade, o segundo manuscrito:

– E os Espíritos que não ficam presos à Terra, e vêm para cá? São todos tratados assim como eu estou sendo?

– Não todos, Sebastião. Uns, como você, desprendidos das coisas materiais e de sentimentos de ódio ou vingança, vêm como você. O que, na verdade, ocorre, é que os Espíritos, quando desencarnam, não abandonam os seus hábitos, seus desejos, suas fraquezas, seus vícios e mesmo suas virtudes. Passam, sim, a habitar o "lado de cá", em planos inferiores ou superiores, dependendo de suas índoles boas ou más. E convivem com seus afins, ou seja, convivem com os Espíritos Superiores ou inferiores, em lugares de aprendizado e de trabalho em benefício do

próximo ou em lugares de sofrimento e trevas, geralmente escravizados a entidades malignas e inimigas do Bem, que os fazem trabalhar em missões obsessivas aos encarnados.

— Impressionante...

— Mas muito lógico. A simples mudança de plano não altera a condição moral do Espírito e, dessa forma, os mais poderosos na maldade e na ascendência mental acabam governando os mais fracos na busca da satisfação de insanos desejos.

— Entendo.

— O que normalmente ocorre, são as obsessões praticadas por Espíritos desencarnados a encarnados por causa de intensos sentimentos de ódio e de vingança advindos do passado. Ou, então, ficam a vivenciar situações horríveis, geralmente ligadas ao momento de suas mortes, principalmente se desencarnaram com a consciência pesada, por atos menos dignos. Outros, então, ficam a viver junto daqueles a quem amam, de maneira possessiva e egoísta, prejudicando-os com suas presenças. É evidente que um dia serão auxiliados, assim que se livrarem de todo o orgulho, de toda a vaidade e de todo o egoísmo, rogando humildemente o auxílio de Deus.

— Mas... ainda insisto... por que estou sendo tratado dessa maneira, quero dizer, com tamanha atenção e carinho? E por que não me encontro na Terra, como acontece com tantos outros, como acabou de me explicar?

— Como lhe disse, Sebastião, existem Espíritos que, como você, não possuem problemas na transição, porque não se prenderam às coisas materiais do plano mais denso da Terra.

– *Na verdade, não me prendi a isso porque nada tive, a não ser a roupa do corpo e alguns poucos pertences de ordem pessoal.*

– *E isso não foi bom para você?*

– *Foi, mas, e aqueles que possuem muitas coisas, propriedades, por exemplo?*

– *O fato de uma pessoa possuir muitos bens não implica que ela seja prisioneira desses bens. Pode utilizá-los em seu próprio proveito e do próximo, na maioria das vezes, trazendo, em seu íntimo, a consciência de que tudo é um empréstimo da vida, um empréstimo do Criador, para que possa deles fazer uso, como um exercício de desprendimento material.*

Quando Narciso termina de ler, o pai, que havia ficado com uma outra folha nas mãos, diz:

– Tenho aqui, também, uma orientação da mãe de vocês. Quando acordei, escrevi nesta folha para não esquecer.

– E qual foi essa orientação, papai? – pergunta Mara.

– Ela me pediu para que eu lesse, com atenção, o que este livro fala sobre fluido universal. Já li, e gostaria de comentar com vocês. Esta obra explica que toda a matéria do Universo que Deus, nosso Pai, criou, é formada por um fluido universal que é a matéria-prima de tudo, até dos elementos constitutivos dos átomos, e que ele existe em várias dimensões. Estão me acompanhando?

– Sim – responde Roberto.

– Diz, ainda, que tudo o que existe aqui na Terra,

onde vivemos, possui uma vibração atômica própria, dentro de uma determinada faixa vibratória, e que a matéria nada mais é do que energia tornada visível. Conclui, então, que nossos corpos são constituídos por átomos que, por sua vez, são constituídos pelo fluido universal e que vibram numa faixa vibratória própria deste nosso plano. E que os Espíritos desencarnados são revestidos de seus perispíritos que, por sua vez, também são constituídos por átomos formados pelo fluido universal, só que em outra faixa vibratória.

— Como se fossem dimensões diferentes.

— Podem ser chamadas dessa maneira.

— O que acontece, ou seja, a diferença entre um corpo material e um perispírito está apenas no que diz respeito à vibração própria dos átomos, ou seja, a parte material do plano espiritual também é constituída por elementos, só que numa outra faixa vibratória, e que nossos sentidos não conseguem perceber, a não ser através da mediunidade, mais precisamente da vidência.

— Entendi tudo, papai – diz Narciso. – E posso deduzir, pelo que já li, que os Espíritos que se encontram nessa outra dimensão podem nos visualizar.

— Isso mesmo, filho.

— E, agora, papai, o que pretende fazer? – pergunta Roberto.

— Bem, vou continuar estudando e ficar aguardando que seu Haroldo receba a continuação desta narrativa. Sinto-me bastante interessado nela.

– E como é esse encontro com mamãe, durante o sono? – pergunta Mara.

– É bastante real, filha. Sinto-me num jardim bem florido e bem cuidado, geralmente, à luz de um luar bem claro. Sento-me num dos bancos localizados ao longo de um caminho calçado e espero por ela. Após alguns minutos, ela surge ao meu lado e senta-se também.

– Quantas vezes vocês se encontraram?

– Por cinco vezes, Narciso. A segunda foi depois que conversei com o seu Haroldo e ele me emprestou alguns livros. Quando já me encontrava na metade da leitura deste aqui, foi que me encontrei com ela.

– E o que mais precisamente, ela lhe disse?

– A única coisa de que consigo me lembrar foi quando a vi à minha frente e ela me falou para que eu procurasse por Haroldo.

– Não se lembra de mais nada, a não ser o encontro no jardim?

– Depois disso não me lembro de nada. Apenas que conversamos por algum tempo e desperto muito contente. A noite passada foi que aconteceu algo diferente e pretendo ir hoje ao Centro para contar a Haroldo.

– E o que foi?

– Lembro de ter-me encontrado com um preto velho. Possuía bigode e cavanhaque brancos, cabelos mais se parecendo a flocos de algodão e cativante voz de timbre grave.

– Pai Sebastião? O da história? – pergunta Mara, entusiasmada.

– Penso que sim, apesar de que já nem sei se foi um encontro ou apenas um sonho. Ele apareceu quando eu havia acabado de me encontrar com a mãe de vocês. Nesse caso, consigo lembrar-me de suas palavras.

– E o que foi que disse, papai? – pergunta Roberto, curioso.

– Disse-me que havia sido escravo em encarnação passada e que tinha um débito para comigo e para com outros Espíritos e gostaria muito de me ajudar nesta minha atual encarnação, mas que, para isso, necessitava que eu conhecesse a sua história e que não era por acaso que os manuscritos estavam vindo até as minhas mãos.

– E ele não lhe falou quem é que está escrevendo essas páginas? – pergunta Narciso.

– Ele está pretendendo escrever um livro, papai? – complementa Mara.

– Fiz-lhe essa pergunta e respondeu-me que o intuito principal não seria esse. Parece-me ter dito, também, que gostaria, em primeiro lugar, que eu tomasse conhecimento da Doutrina Espírita, que seria uma maneira de ver quitada essa dívida que tem para comigo e pretende que eu auxilie alguns outros Espíritos que estiveram envolvidos conosco.

– Atualmente, reencarnados? – pergunta Roberto.

– Penso que sim.

– E ele lhe falou que débito é esse que tem para com o senhor?

– Não e nem posso imaginar. A única ideia que

faço é que, por uma questão de lógica, devemos ter vivido algum acontecimento juntos.

– Será que ele vai lhe revelar um dia?

– Não sei. Na verdade, penso que, talvez, pouca coisa, porque pelo que já aprendi, lembranças do passado, na maioria das vezes, não são nada agradáveis, porque estamos em constante evolução e que, obviamente, se ainda nos situamos neste mundo de provas e expiações, é porque bons procedimentos não tivemos em nossa vida pregressa.

– Papai – pergunta Mara –, dias atrás, o senhor me disse que estava muito preocupado com um conhecido, a quem devia muito. E, agora, esse Espírito, Pai Sebastião, lhe confessa dever muito ao senhor. Poderia nos contar a respeito dessa pessoa? Não poderíamos ajudá-lo a fazer alguma coisa?

– Não, filha. Eu me referia a algo que aconteceu há alguns anos e descobri, agora, que esse meu amigo já faleceu, ou desencarnou.

– Mas o senhor devia a ele?

– Negócios, filha. Gostaria muito de não falar sobre isso. Pelo menos, por enquanto.

– Sim, mas... se pudermos ajudar em algo...

– Obrigado. Quando chegar o momento certo, todos nós faremos alguma coisa. E tenham certeza: precisarei do apoio de todos vocês.

– Falando em amigo, papai, soube que nosso

funcionário Otávio encontra-se muito doente. O senhor se lembra dele?

– Otávio...?

– Sim. Ele trabalha num dos setores que administro. Trata-se de um funcionário muito antigo. Ele já trabalha na empresa desde que o senhor assumiu...

– Ah, o Otávio! Lógico que me lembro. Foi um grande amigo meu e competente colaborador. Há tempos não o vejo. Meu Deus, os negócios sempre acabam nos afastando dos amigos. Mas o que ele tem, Roberto?

– Ele está com algum problema sério de depressão. Assim que tomei conhecimento, procurei falar com sua esposa, colocando-me à disposição para qualquer necessidade ou dificuldade quanto ao tratamento. E prometi-lhe que ele continuará a receber seus proventos até que se recupere.

– Pois fez muito bem, filho.

Roberto, então, conta ao pai sobre a conversa que teve na empresa com Ferreira e Péricles.

– Mas temos de fazer alguma coisa, filho – diz Nelson. Otávio sempre foi muito dedicado e, com certeza, está encarando essa situação como uma grande injustiça, e a mágoa, muitas vezes, nos traz doenças.

– É verdade, pai – concorda Narciso.

– Eu irei visitá-lo.

– Prometi à sua esposa que iria vê-lo.

– Pois iremos juntos, filho.

VII

A CHEGADA DE SEU AGENOR

O dia já se encontra escurecendo. São dezoito horas e dez minutos da sexta-feira e muitos albergados ou não albergados, mas necessitados de alimentação, já estão entrando no refeitório do albergue. Percebe-se uma certa inquietação por parte da maioria dos presentes. Com certeza, aguardam a presença de seu Agenor, como havia sido anunciada para aquela noite. Curiosos com o que dona Elza havia lhes relatado a respeito desse andarilho, outros integrantes da diretoria daquela instituição também se encontram presentes, inclusive seu presidente. Dona Elza, então, chama Severino e lhe pergunta:

— E, então, Severino, esse homem, esse tal de seu Agenor, virá hoje, aqui?

— Creio que sim, senhora. Pelo menos, foi o que ele me disse quando o encontrei, porém, não posso afirmar.

De repente, ele pode ter mudado de ideia ou permanecido mais tempo em alguma outra cidade.

Nesse momento, mais algumas pessoas estão entrando no refeitório, e um homem de cerca de sessenta e tantos anos, cabelos brancos, cortados rente e barba não muito espessa e alva pelo tempo, desperta a atenção dos presentes, que começam a murmurar entre si. Vem vestido com uma calça marrom, camiseta branca, um pouco amarelada, mas limpa, botinas, velho e amassado chapéu de couro, mochila às costas, uma sacola no ombro esquerdo e um cajado de bambu na mão direita. Caminha calmamente, procurando menear um cumprimento com a cabeça aos que ali já se encontram sentados à mesa, sempre com um discreto sorriso nos lábios. Olha em volta e descobre um lugar vago quase na entrada do recinto e ali se acomoda. Tira o chapéu, depositando-o, juntamente com a mochila e a sacola, no chão, aos seus pés. Cerra os olhos, parecendo em prece.

– É ele, dona Elza – diz Severino, apontando para o homem. – É ele!

– Aquele que está com o rosto apoiado sobre as mãos?

– Sim. É aquele.

– E o que vai acontecer agora? – pergunta a senhora, um pouco emocionada em ver aquela figura tão humilde e serena. Na verdade, no fundo, estava com muita vontade de conhecê-lo. E, agora que ele ali estava, não sabia se deveria falar alguma coisa.

– Não vai acontecer nada, dona Elza, ou, pelo

menos, não temos de fazer nada. A senhora pode começar a servir a sopa e, se puder, permita que a gente converse com ele, durante ou após a refeição.

– Tudo bem – responde a mulher, agindo como se Severino fosse quem devesse dirigir os acontecimentos daquela noite.

E começa, então, auxiliada pelos outros voluntários, a distribuir os talheres e os copos e, em seguida, a sopa e os pães, não sem antes proferir linda prece de agradecimento pelo alimento que ali estava sendo servido.

O refeitório é um barracão simples, contendo três mesas compridas que se encontram dispostas paralelamente, com um espaço entre elas, com cadeiras em ambos os lados. Severino encontra-se acomodado em uma das mesas e seu Agenor em outra, numa posição que permite que possam se olhar. Reina profundo silêncio no local até que Severino o quebra, dizendo:

– Seu Agenor...

O homem ergue o olhar e, fitando Severino, lhe responde, carinhosamente:

– Boa noite, meu amigo. Tudo bem com você?

– Tudo bem. Apenas gostaria de saber se o senhor vai ficar albergado aqui.

– Bem, se houver uma vaga, gostaria muito.

– Temos uma vaga, sim, e o senhor poderá hospedar-se aqui por três dias, como é a norma da casa – informa dona Elza, que se encontra a postos, juntamente com os outros voluntários, para servir mais sopa a quem quiser.

– Eu lhe agradeço muito pela hospitalidade, senhora. Deus abençoe vocês.

– E o senhor poderia nos mostrar o Espírito do bambu? – pergunta um menino que se encontra sentado ao seu lado, junto com a mãe.

Seu Agenor sorri e lhe responde:

– Depois da refeição, se houver uma oportunidade.

– Também quero conhecer esse Espírito do bambu – diz dona Elza, curiosa, e, com essas palavras, já concedendo a oportunidade.

– E o senhor poderá falar um pouco conosco? – pergunta um homem, de aspecto bastante rude e bem maltrapilho.

– O que poderei lhes dizer?

– Qualquer coisa – responde outro.

Seu Agenor fica meio constrangido pelo fato de pouco conhecer dona Elza e baixa o olhar, continuando a comer. O silêncio volta, então, a reinar no recinto. E, por cerca de mais de trinta minutos, os pratos vão e voltam pelas mãos dos voluntários, com novas porções de sopa, ingeridas pelos esfomeados ocupantes daquele abençoado barracão. É, com certeza, a única refeição decente que aqueles seres recebem naquele dia. Depois, quando todos terminam, uma salada de frutas é oferecida. Mas, ao contrário do que acontece todas as noites, ninguém abandona o local, ficando todos sentados, à espera de algo que alguns nem sabem o quê.

Dona Elza, então, após a retirada dos pratos vazios, talheres e copos das mesas, pelos trabalhadores da casa, que já os deveriam estar lavando, mas que permanecem também ali, fala diretamente ao homem:

– Seu Agenor, gostaria que o senhor nos mostrasse o Espírito do bambu porque, senão, ninguém irá embora e nem os pratos serão lavados hoje.

E, nesse momento, dirige o olhar para os voluntários, que sorriem, achando graça da situação.

– Muito bem – diz seu Agenor, que se levanta, dirigindo-se ao centro das mesas, numa de suas extremidades, para que todos o vejam, e demonstra o tosco brinquedo, feito de bambu, que retira da sacola, fazendo tudo da maneira como Severino havia explicado a dona Elza. Então, todos os presentes, inclusive dona Elza, experimentam fazer com que a vareta seja segura, uns pensando em enroscá-la no elástico, outros, esperando que o Espírito do bambu a segure. Mas ninguém consegue e ficam todos boquiabertos quando Agenor faz com que novamente a vareta seja puxada para dentro do bambu, com muita força e velocidade.

– Como pode ser isso? – perguntam-se uns aos outros.

Até dona Elza encontra-se embasbacada com aquilo, e o homem diz a todos:

– Meus amigos, deixem-me lhes dizer uma coisa muito importante: eu costumo brincar com as pessoas pelos lugares por onde passo, mas termino sempre a brincadeira dizendo que tudo não passa de um truque, de um simples truque.

– Quer dizer que não existe nenhum Espírito do bambu? – pergunta o garoto.

– Não, filho. Não há nenhum Espírito do bambu. Somente um truque. Vamos fazer uma coisa, menino. Qual o seu nome?

– André, senhor.

– Pretendo permanecer aqui por três dias. Pense, raciocine e tente descobrir o segredo. Se até o dia em que eu me for, você não tiver descoberto, eu revelo o segredo para você. Mas gostaria que descobrisse por si mesmo. E lhe dou uma pista: trata-se de um truque muito simples. Na verdade, uma ilusão. E sabe por que quase ninguém descobre o truque?

– Por quê? – pergunta, agora, dona Elza, parecendo bastante interessada.

– Porque, como já disse, é um truque muito simples e todos nós não conseguimos ver muita coisa nas coisas simples, porque sempre complicamos tudo. A felicidade e a paz são oriundas de truques ou atitudes tão simples que não conseguimos enxergá-las e estamos sempre vivendo enganados e aflitos pelas ilusões que nós mesmos impomos à nossa vida.

Após alguns segundos de silêncio, dona Elza toma a palavra:

– Bem, pessoal, já está na hora de encerrarmos.

Todos já jantaram e já podem ir. Fiquem, apenas, os que irão dormir no albergue.

– Senhora – pede Severino –, por favor, todos aqui gostariam de ouvir alguma coisa de seu Agenor. Dê-nos mais alguns minutos.

– O senhor quer falar com eles?

O homem olha em derredor e responde:

– Posso falar, sim, mas pouco tenho a dizer a esses irmãos ou a qualquer outra pessoa. Mas, se gostam do pouco que tenho a dizer...

– Fale para nós – pede um outro que, até o presente momento, se mantivera em silêncio.

Seu Agenor pensa um pouco e começa a falar:

– Meus amigos, o que posso lhes dizer e é o que sempre insisto com as pessoas que, como eu, não possuem quase nada, é que procurem modificar um pouco a própria vida. Alguns de vocês, já conheço de outros lugares e pousadas como esta e já me ouviram e sabem que as minhas palavras serão sempre as mesmas, ou seja, que procurem trabalhar, fazer alguma coisa e a não se entregarem ao ócio, ao desânimo.

– Mas, como? – pergunta um homem, mais à frente. – Ninguém nos dá emprego.

– Sei que emprego é difícil até para pessoas que não se encontram na situação em que nos encontramos. O que quero dizer é que procurem algum serviço, por-que é importante que ganhemos algum dinheiro para podermos nos sustentar. Peçam, por exemplo, para varrer uma calçada a troco de alguma contribuição ou outro serviço qualquer.

– Mas é difícil – insiste um outro. – Ninguém nos dá serviço.

– Meu irmão, a busca pelo trabalho já é alguma coisa, alguma ocupação que estarão tendo. Irão se sentir mais vivos tentando, em vez de só esmolarem. Vocês devem dar a oportunidade para que, um dia, ao encontrarem alguém disposto a lhes dar uma chance, o faça. Mas, se não tentam, dificilmente conseguirão. Tenho plena certeza de que os Espíritos bons, mensageiros de Jesus, querem nos ajudar a todos, mas também, temos de lhes dar uma importante ferramenta para isso, que é a nossa vontade. Tentem. E nunca se revoltem com a própria situação. Deus sabe por que temos de passar pelo que estamos passando e, certamente, Ele quer o melhor para nós. E procurem ver tudo como um ensinamento da vida e que ela, a vida, não termina com a morte deste corpo que utilizamos. Somos todos Espíritos, filhos de Deus. Já vivemos várias outras encarnações nesta Terra e, se estamos passando por estas dificuldades, é porque é para o nosso próprio benefício.

Seu Agenor para um pouco, parecendo refletir nas próximas palavras e continua:

– Vocês não podem imaginar o quanto nos está sendo útil esta nossa atual existência a fim de que aprendamos. Porém, é preciso que a aproveitemos. Por isso, lhes peço novamente: façam alguma coisa, sejam úteis, porque qualquer filho de Deus pode ser útil, mesmo que não tenha um metro quadrado nesta Terra para viver.

– O senhor acha que a pobreza e a miséria são úteis para nós?

– Prestem atenção. Não sou adepto da pobreza e nem da miséria. Eu, mesmo, estou nesta situação, por força das circunstâncias, mas procuro aproveitar o melhor possível esta experiência. Faço o que posso para fazer sobreviver este meu corpo e, ao mesmo tempo, melhorar o meu eu, Espírito que sou, com os ensinamentos de Jesus. De qualquer forma, penso que as pessoas têm de viver da melhor maneira com o que têm, seja muito, seja pouco, seja nada. Deus está conosco. Jesus nos acompanha com seu pensamento e seu carinho, mas, torno a dizer: façamos a nossa parte, sejamos úteis.

VIII

A FAMÍLIA REUNIDA

Desta feita, a reunião em casa do dr. Nelson, após o jantar, encontra-se composta de mais pessoas. Além dos filhos, encontram-se, também, Lúcia, noiva de Narciso, e Débora, namorada de Roberto.

– E, então, papai, vai nos mostrar o terceiro manuscrito?

– Oh, sim, vou apanhá-lo. Mas, antes, gostaria de saber se Lúcia e Débora já se encontram a par desses escritos.

– Já, sim, papai – responde Roberto –, elas já estão se interessando, também pela Doutrina Espírita e até já estão lendo aquele livro.

– Muito bom.

– Você já assistiu a uma palestra, não foi, Lúcia? – pergunta Mara.

– Já, sim, mas isso ocorreu há cerca de um ano, mais ou menos. E fiquei muito impressionada com tudo o que ouvi. Ainda não tinha conhecido Narciso.

– Em algum Centro aqui da capital?

– Não. Foi em uma cidade do interior onde passei alguns dias na casa de uma colega de Faculdade. Estávamos em férias.

– E o orador?

– Vocês não vão acreditar. Quem proferiu essa palestra foi um andarilho que se encontrava alojado no albergue daquele Centro.

– Um andarilho?

– Isso mesmo. E ele é muito conhecido naquela região. É convidado a falar em quase todos os Centros em que se aloja. Na verdade, esses andarilhos não têm onde dormir e ficam girando em torno dessas cidades que possuem albergue. Pelo que fiquei sabendo, os albergues somente permitem que as pessoas nele repousem por um certo número de dias. Parece-me que o mais usual é que permaneçam por três dias.

– Mas existem tantos albergues assim? – pergunta Mara.

– Existem, sim, mas não em todas as cidades. Na verdade, esses andarilhos dormem em qualquer lugar que lhes ofereça abrigo do tempo e segurança. O bom dos albergues é que, geralmente, eles servem uma refeição noturna e um café pela manhã.

– E esse que você teve a oportunidade de ouvir era espírita?

– Isso mesmo. E se querem saber mais, estive conversando, após a palestra, com uma das voluntárias daquela instituição e ela me explicou que há andarilhos que nem sonhamos possam existir.

– Como assim?

– Ela me revelou que, durante os muitos anos que trabalha como colaboradora no albergue, já viu por lá passarem caminhantes que já exerceram as mais diversas profissões antes de caminharem pelas estradas, desde professores, até, acreditem se quiserem, um médico.

– Com certeza, são criaturas que tiveram alguma grande decepção na vida ou um grande sofrimento, ou, até mesmo, uma derrocada financeira, talvez, e que não vendo nenhuma saída, acabaram se tornando moradores do mundo.

– E gostou do que ouviu? – pergunta Nelson.

– Muito, dr. Nelson. Inclusive, eu havia comprado um livro... oh, me desculpem... não vou agora contar essa história. Acho que falo demais.

– Não, não, Lúcia. Por favor, gostaríamos que nos contasse.

– Não quero atrapalhar. Penso que devemos passar à leitura do manuscrito.

– Por favor. Conte-nos. Temos tempo.

– Fale, Lúcia – pede Roberto.

– Está bem. Como estava dizendo, eu havia comprado um livro... desses de autoajuda. E encontrava-me muito interessada. Na ocasião, estava um pouco perturbada, achando-me incompetente e com um pouco de complexo de inferioridade. Vocês entendem. Penso que a maioria das pessoas, numa ou noutra ocasião, passam por isso.

– Isso é verdade – concorda Mara.

– Pois é. Já fazia alguns dias que estava em casa dessa minha colega e procurava estudar a fundo esse livro, tentando colocar em prática o que ele ensinava com a finalidade de levantar a autoestima do leitor.

– E o que o livro ensinava?

– Ensinava que eu deveria crer mais em mim mesma. Que eu deveria me achar bonita e passava algumas práticas que deveriam ser seguidas diariamente. Que eu deveria, ao levantar-me, dizer para mim mesma que eu era a melhor pessoa do mundo, que eu deveria me amar, que eu era capaz de ser a melhor das criaturas e que a vida sorria para mim. Que, pensando assim, as outras pessoas passariam a me admirar. Que o mundo se encontrava aos meus pés e que meus semelhantes não eram superiores a mim, enfim, coisas desse tipo, logicamente, não com essas palavras. Mas, o contexto era mais ou menos assim. Lembro-me do exercício que eu deveria realizar todos os dias à frente de um espelho, posicionando o meu corpo de uma forma mais ereta, numa posição em que eu pudesse olhar as pessoas de cima, mesmo que eu fosse menor em altura. Exigir mais da vida e que eu seria uma vitoriosa em todas as ocasiões se eu, realmente, acreditasse que era bem melhor que todos, pois que qualquer pessoa não passava de um concorrente a mais na luta pela sobrevivência e que o mundo pertenceria aos que assim o desejassem. E eu comecei a acreditar nisso tudo, até que...

– Até que...

– Até cair numa grande frustração, pois acabei chegando à triste conclusão de que eu não era nada daquilo. Talvez eu tenha lido o livro errado, pois penso que devam existir outros bons – responde Lúcia, rindo e divertindo-se com suas próprias palavras.

– E aí... – diz Narciso, interessado no que a namorada está narrando, ansioso por saber por que ela está dizendo tudo aquilo.

– Aí fui assistir a essa palestra, a convite de minha amiga que era espírita. Eu nem sabia quem seria o orador e, quando o vi, confesso que fiquei um pouco apreensiva, porque não conseguia imaginar o que aquele senhor poderia nos dizer.

– E por que, Lúcia?

– Pela maneira com que se apresentava. Trajava uma roupa muito simples. Uma calça que me pareceu ser um número maior do que deveria usar, uma camiseta dessas bem simples, uma botina já muito gasta pelo tempo de uso e trazia, sem cerimônia, uma mochila às costas, um cajado na mão e uma sacola sobre um dos ombros e, também, um cantil um pouco amassado, preso à cinta. Ah, sim, e um chapéu que mais parecia do Indiana Jones depois de uma de suas aventuras. Mas o que mais me impressionou foi que estava limpo. Suas roupas, seu rosto e suas mãos, inclusive com as unhas cortadas. Não me chamem de reparadeira. Sou, apenas, uma observadora.

— Disso eu sei – brinca Narciso.

— E a sua idade? Era jovem?

— Não. Deveria contar com uns sessenta e poucos anos. E tinha um olhar e uma expressão tão calma, que parecia envolver a todos com a sua presença.

— E sobre o que ele falou?

— Falou muito bem. Tão bem que creio que não houve um só dos que ali estavam presentes que, pelo menos uma vez, não tivesse de enxugar uma lágrima. Falou-nos sobre a verdadeira vida que é a espiritual. Falou muito sobre Jesus. Sobre a felicidade que Deus deseja que todos alcancemos, sobre a Sua justiça, benevolente e sábia, incluindo aí, nesse ponto, a lógica das sucessivas encarnações, mas o que mais me chamou a atenção, inclusive, libertando-me do estado em que me encontrava, foi quando disse que todos somos filhos de Deus e que não somos melhores e nem piores que os nossos semelhantes. Que caminhamos lado a lado, num constante aprendizado e que esta nossa vida neste planeta Terra é, na verdade, uma grande escola, na qual o mestre maior é Cristo, nosso mais sábio professor. E, coincidentemente, disse que nos preocupássemos mais com a *Alta-ajuda*.

— *Alta-ajuda*?

— Isso mesmo. A *Alta-ajuda* ou a *Ajuda do Alto*,

que vem dos ensinos de Jesus e dos Espíritos de mais Alto, como se costuma denominar as entidades mais evoluídas que habitam outros orbes do espaço e que, constantemente, auxiliam os irmãos que ainda habitam planetas inferiores como o nosso, que ele denominou de planeta de provas e expiações.

– Já lemos sobre isso – diz Mara.

– E disse que a verdadeira felicidade não decorre de nos sentirmos melhores que os outros, mas, sim, da compreensão de que somos todos irmãos, caminhando juntos, uns mais adiantados moralmente e outros, menos, devido às sucessivas encarnações, nas quais aprendemos mais ou menos. E que devemos ter a humildade suficiente para seguirmos os passos e exemplos dos que se encontram mais adiantados e o desprendimento que Deus espera de nós, para auxiliarmos os que se encontrem em degraus abaixo dos nossos na escala evolutiva, sempre no sentido moral. Que não devemos medir a evolução do ser humano por suas conquistas materiais porque nada levaremos da matéria conosco, quando voltarmos ao verdadeiro plano da vida. Que a nossa bagagem será apenas constituída pelas conquistas morais. E que o nosso livro de autoajuda seja o livro de *Alta-ajuda* que ele nos recomenda. E citou o *O Evangelho Segundo o Espiritismo*. Que ele seja o nosso livro de cabeceira, o nosso livro de todas as horas, porque nele encontraremos a solução para todos os nossos problemas. Enfim, foi muito bonita a palestra e, como já disse, saí de lá uma outra pessoa. No dia seguinte, a primeira coisa que fiz foi procurar uma livraria e comprar esse livro, esse Evangelho e, apesar de não ser uma seguidora da Doutrina Espírita, no sentido de frequentar Centros Espíritas, sempre que me sinto em dificuldade, abro uma página e, creiam, tudo se clareia em minha mente e em meu coração.

– Muito instrutivo o que você nos relatou, Lúcia. Também gostaria de ouvir esse homem.

– Um simples andarilho...

– Sim. Um simples andarilho.

– Bem, dr. Nelson, penso que chegou a hora de tomarmos conhecimento do terceiro manuscrito.

– Oh, sim. Vou buscá-lo. A propósito, Lúcia e Débora, já leram os anteriores?

– Já lemos, sim. Narciso e Roberto nos mostraram uma cópia.

– Muito bem.

Dizendo isso, Nelson vai buscar as folhas de papel e, desta vez, pede a Débora que as leia em voz alta para que todos tomem conhecimento.

IX

A LEITURA DO
TERCEIRO MANUSCRITO

Foi aí que entendi que o fato de nada ter possuído na Terra, nessa encarnação, como escravo, foi uma bênção para mim. E cheguei à conclusão de que, apesar do sofrimento da escravidão, ela me beneficiou, só não conseguindo entender o porquê de ter tido essa oportunidade e outros não.

– Um dia, logo, logo, Sebastião – falou Deodato, parecendo ter lido meus mais íntimos pensamentos –, vai entender melhor. No momento, quero que saiba que o Espírito, filho de Deus, vive muitas vidas, que chamamos de encarnações, a fim de aprender com as diversas experiências. E essa sua vida como escravo foi apenas uma delas.

– E como poderei aprender mais sobre tudo isso?

— *Lendo livros sobre o assunto e participando de aulas a respeito.*

— *Mas nem sei ler...*

— *Vai aprender.*

— *Vou?!*

— *Vai e poderá, então, ler o livro maior que encerra os ensinamentos mais importantes de Jesus.*

— *E quando começarei? – perguntei, entusiasmado.*

— *Assim que se recuperar bem e tiver uma noção melhor a respeito deste lugar que será seu lar, por uns bons tempos.*

Nesse momento, Deodato me pediu para que eu tentasse me levantar, apoiando-se nele, dizendo que iríamos caminhar um pouco. Não precisei fazer muito esforço para tanto e logo comecei a andar por aquele enorme salão, onde pude perceber muitas e muitas criaturas, a maioria de cor negra, deitadas em camas como a minha e, como já havia explicado, separadas por biombos. Caminhamos até chegarmos a uma porta que, com certeza, daria acesso ao ambiente externo. Nada ainda pudera ver porque as diversas janelas se encontravam localizadas bem no alto das paredes. E diversas pessoas, trajadas como Deodato, iam e vinham, trabalhando incansavelmente no atendimento aos ali internados, que gemiam ou choravam. Ainda pude perceber que outros se mantinham deitados, extáticos, como se estivessem em profundo sono.

— *Vamos sair? – perguntei.*

— *Vou lhe mostrar.*

Dizendo isso, abriu a porta e pude ver, deslumbrado, imenso gramado com árvores muito frondosas, desconhecidas para mim, e bastante floridas. Percebi, também, que existiam diversos barracões como aquele em que eu estivera, todos dispostos em forma de uma ferradura, tendo, ao centro, um outro maior que os demais e mais alto.

— Deve haver muitos Espíritos aqui – observei.

— São muitos, sim, Sebastião. E todos necessitados de nosso auxílio e nossa dedicação.

Na abertura do formato de ferradura, em que estavam dispostas as construções, havia uma estrada, um caminho que se perdia ao longe, em grande descida.

— E esse barracão maior, no centro? É diferente dos outros – perguntei, percebendo, também, grande movimentação nele. Aliás, eram muitas as pessoas a andarem para lá e para cá, todas me parecendo com destino certo, ou seja, ocupadas com algum tipo de trabalho.

— Esse barracão abriga a escola onde aprenderá a ler, escrever e estudar os livros. Também, ali, se proferem aulas sobre como tudo funciona e ensina-se a trabalhar para Jesus.

— Trabalhar para Jesus?

— Sim. Tudo o que fizermos em benefício do próximo, Sebastião, é considerado um trabalho para Jesus.

— Vejo muitos negros aqui e muitos brancos, também.

— Na verdade, este é um dos locais construídos para ajudar os Espíritos que estiveram envolvidos com

a escravidão, principalmente os negros escravos, muitos deles ainda em estado de revolta e ódio, mas que já podem ser auxiliados por nós.

— Nem todos já podem ser auxiliados?

— A vida não dá saltos, Sebastião. Existem os sofredores que desejam ser auxiliados e os que não e que preferem lutar por uma vingança com as próprias mãos. Mas, um dia, serão auxiliados, também.

— Entendo. E poderei fazer alguma coisa para ajudá-los?

— Sim e é o que esperamos que faça, assim como muitos outros que aqui se encontram, mas que ainda não se encontram em condições. Quando se recuperarem como você, poderão fazer muito pelos irmãos que sofrem.

— Mas terei de aguardar muito tempo para começar a trabalhar?

— Dependerá do esforço que fizer para aprender. Em qualquer trabalho, é preciso que, primeiro, se aprenda a manejar a ferramenta necessária. Como fazer uma boa aração se não aprendermos a manejar a enxada?

— Você tem razão. Quero aprender.

— Muito bem, Sebastião. Vou lhe apresentar à sua professora.

— Professora?

— Sim. Com ela, aprenderá a ler e a escrever.

— Mas isso vai demorar muito.

— E o que significa o tempo para nós, Espíritos

eternos? É preferível realizarmos um bom trabalho, no momento certo e preparados para isso, do que um mau empreendimento, simplesmente porque não tivemos a paciência e a perseverança de bem aprender. E não se preocupe. Antes de aprender a ler, aprenderá muito sobre os ensinamentos de Jesus, nosso irmão maior, nas aulas faladas. Fique tranquilo.

Deodato me apresentou, então, à professora, a senhora Durvalina, que gentilmente me recebeu e, com muito carinho e paciência, iniciou-me no mundo das letras. Não foi fácil, principalmente a parte da escrita, pois minhas mãos, principalmente meus dedos, ainda se encontravam muito endurecidos pela rudeza com que eu trabalhara quando encarnado. E essa foi uma das lições aprendidas: a de que não nos transformamos após a morte do corpo físico. Carregamos conosco, na forma física, tudo o que fomos. Alguns Espíritos, ao desencarnarem, por merecimento, se renovam, rejuvenescem na aparência. Outros, como já tive a oportunidade de encontrar, possuem forma e aparência bastante disformes e horríveis aos nossos olhos, como consequência de seus atos mesquinhos e danosos. Mas, voltando ao assunto das aulas com irmã Durvalina, após algumas semanas, disse-lhe:

— Irmã Durvalina, por que dispensa tanto tempo comigo? Tenho tanta dificuldade em traçar as letras... Ler, para mim, já é mais fácil. Penso que estou aprendendo bem. Mas, escrever... Meus dedos ainda se encontram muito travados. Creio que o tempo gasto comigo poderia ser melhor empregado pela irmã no ensino aos mais adiantados.

— Sebastião, aprenda uma coisa: na vida, temos de

auxiliar mais os que mais necessitam. E assim deve ser por toda parte. Muitas vezes, os homens não sabem fazer essa distinção e deixam de cumprir sua obrigação para com os mais necessitados, perdendo grandiosa oportunidade de servir a Jesus.

O tempo foi passando e já conseguia ler uma cartilha de alfabetização e traçar a maioria das letras ditadas pela professora, formando diversas palavras. Frequentava as aulas faladas, onde minha maior preferência era pelo O Evangelho Segundo o Espiritismo, *o mesmo que já havia sido ditado pelos Espíritos ao abnegado missionário de Cristo, Allan Kardec. Aprendi, também, sobre as outras obras:* O Livro dos Espíritos, O Livro dos Médiuns, O Céu e o Inferno *e* A Gênese. *Na verdade, os estudos nos ocupavam quase o dia todo e não nos cansávamos, sorvendo todo aquele conhecimento de uma maneira muito fácil, pois as vibrações de paz daquele local nos propiciavam essa facilidade. Até que tive um dos momentos mais felizes de minha vida. Logo após a última refeição do dia, antes de me recolher, Deodato me chamou em sua sala de trabalho e me disse:*

— Sebastião, irmã Durvalina me informou que você já poderá ler outros livros que não sejam a cartilha. O que me diz?

— Bem... posso tentar. Não sei se a minha lentidão em formar as palavras terá a velocidade necessária para que eu não me perca com elas e não venha a comprometer o significado da frase.

— Deve tentar, sim. E, com este livro que vou lhe dar, tenho certeza de que conseguirá, porque será auxiliado

pelo seu conteúdo e, com ele, tenho certeza, tudo será mais rápido.

— E que livro é esse?

— Este — respondeu-me Deodato, levando-me às lágrimas, quando me estendeu aquela obra. Não podia acreditar no que os meus olhos estavam vendo. Deodato me estendia um exemplar de O Evangelho Segundo o Espiritismo. *Demorei alguns segundos para apanhar o livro que ele me oferecia. Cheguei a esfregar uma mão na outra numa infantil tentativa de livrá-las das asperezas que ainda detinham.*

— Não tenha receio, Sebastião. Esta obra destina- -se a todas as criaturas, sem distinção alguma. Muitos Espíritos já estão sendo devidamente preparados para divulgá-la e fazê-la chegar aos lares de toda a criatura humana. É sua.

Apanhei-a com muito cuidado, como quem recebe a mais formosa e delicada flor. Lágrimas continuaram a brotar de meus olhos e imensa alegria invadiu meu coração, não vendo a hora de me recolher para, sozinho, tentar, desta vez, ler o que já aprendera em muitas das palestras a que assistira.

— Deus lhe pague, Deodato. Que eu me lembre, des- ta minha vida, desta minha atual existência, este está sendo o maior presente que já recebi. Deus lhe pague.

— Pode ir, agora, Sebastião. Verá, como lhe disse, que não terá dificuldades em ler e entender.

Despedi-me e fui para o meu alojamento, num ou- tro barracão, entre os destinados àqueles que já possuíam

*condições de colaborar e trabalhar em prol dos mais ne-
cessitados. Sentei-me em minha cama e coloquei o livro
sobre ela, ao meu lado. Ainda chorava. Não acreditava. Permaneci por algum tempo olhando para aquela
bênção, até tomar coragem de abri-la. Enxuguei as lágrimas e, finalmente, abri uma página ao acaso e um
ponto pareceu iluminar-se e, sem muita dificuldade, li:*
"Amar o próximo como a si mesmo: fazer para os outros
o que quereríamos que os outros fizessem por nós", *e
compreendi, com uma compreensão que não sei explicar, que a nossa verdadeira e real felicidade depende da
felicidade do próximo. E continuei a ler e a chorar porque percebia uma grande facilidade na leitura, quanto
mais eu lia. E precisava, a todo instante, afastar o livro
para que minhas lágrimas não viessem a cair sobre ele, o
que algumas vezes não conseguia, procurando enxugá-lo
com os punhos de minha camisa, até adormecer, abraçado com ele.*

*Mais um bom tempo se passou e, além dos estudos,
também trabalhava na limpeza de algumas alas, juntamente com outros companheiros, e por vezes, era chamado a manter uma conversa com algum outro necessitado
que já se encontrava em fase de recuperação. De outras,
chegava algum escravo resgatado das sombras, solicitando falar com algum preto velho e me chamavam. Para
que entendam o porquê disso, posso dizer que, no tempo
da escravidão, os negros mais idosos eram considerados
os mais sábios e aconselhavam os mais novos. Não que,
como no meu caso, tivesse alguma sabedoria, mas, com
certeza, possuía mais experiência, conhecendo melhor
as reações dos patrões e as reações da própria vida e do*

destino e as consequências futuras para algum ato complicado. Na Terra, quando encarnado, consegui livrar muitos jovens de fatal castigo, pelo fato de tê-los aconselhado. E, quando menos esperava, Deodato me chamou e solicitou os meus préstimos para uma tarefa, dizendo-me que ela em muito me beneficiaria.

— Estou às suas ordens, meu irmão — disse-lhe. — De que se trata?

— Bem, Sebastião, você já deve imaginar que sua última encarnação, como escravo, somente pode ter sido provocada por um seu passado ou, melhor me exprimindo, por uma encarnação anterior em que angariou muitas dívidas e que esta última lhe serviu como um grande aprendizado.

— Tenho certeza disso, Deodato, e, se de nada me lembro, agradeço a Deus pela sua bondade em nos conceder o esquecimento de nosso passado.

— Muito bem, Sebastião. Agora, preciso lhe dizer algo muito importante. Por vezes, pensamos que nossos algozes nos causam o mal porque simplesmente se comprazem com a dor alheia, sem atinarmos que, na verdade, trazem dentro de si, de forma latente, um ódio causado por nós mesmos em distante passado e que cabe a nós libertá-los do sofrimento em que ainda se encontram por terem causado esse mal no presente.

— Poderia me dar um exemplo?

— Estou falando dos feitores das fazendas que tiveram a incumbência de castigar os negros de forma tão cruel.

– Os feitores?

– Isso mesmo. Basta que você se recorde dos feitores que encontrou em sua vida de escravo e se lembrará que não era qualquer homem que se dispunha a açoitar os escravos. Na verdade, muitos dos trabalhadores das fazendas se negavam a ter essa incumbência, enquanto que outros ansiavam por ela.

Realmente, Deodato tinha razão. Já havia visto muitos homens taparem os ouvidos para não terem que escutar os gemidos dos escravos e outros que, ao contrário, tudo faziam, até mesmo algumas intrigas para terem a oportunidade de aplicar feroz punição aos negros.

– Você tem razão. E pelo que consigo entender, esses homens, esses feitores, sofreram, um dia, em nossas mãos. Mas, na África?

– Com certeza, não. Devem ser passagens de outras épocas muito mais remotas.

– E só pode ter sido de todo um povo, porque nós, negros escravos, somos muitos. E que tarefa é essa que você quer me proporcionar?

– A de auxiliar essas criaturas que hoje sofrem pelo mal que cometeram.

– Mas esses feitores não tinham de cometer essas punições para que, com elas, aprendêssemos a lição? Se tinham, por que sofrem por isso?

– Sebastião, assim como no passado, os povos não têm que subjugar outros povos e nem escravizar seu semelhante, pois ninguém reencarna com a missão de *cometer o mal. A vida é que, em seu processo de ação e reação, promove esses reencontros e situações para que o aprendizado se faça espontaneamente.*

– Entendo. Isso quer dizer que, hoje, temos de trabalhar em benefício dessas criaturas, ou melhor, dos feitores que nos açoitaram porque ainda temos enormes dívidas para com eles.

– Dívidas, sim. As primeiras, do longínquo passado, somadas a estas últimas, que os fizeram se comprometer com o mal.

– Com isso, passo a entender que as vítimas de hoje, certamente, já foram provocadoras de sofrimento no ontem.

– Bem entendido, Sebastião.

– E o que quer que eu faça?

– Estaremos recebendo, hoje, um desses homens.

– E eu o conheço?

– Sim. Trata-se de Celestino.

– Celestino? Mas ele já desencarnou há muito tempo. Bem antes de mim. Ainda passa por sofrimentos?

– No início, foi capturado por escravos e passou muito tempo nas mãos desses infelizes irmãos, que o faziam trabalhar para eles, ao mesmo tempo que lhe infligiam duros castigos.

– Meu Deus! E conseguiram resgatá-lo, agora?

– Somente o conseguimos porque Celestino, depois de muito sofrer, dirigiu seus pensamentos a Deus e

suplicou sua misericórdia, com sincero arrependimento no coração, o que fez com que conseguisse vislumbrar os Espíritos, trabalhadores de Jesus, permitindo que estes o libertassem.

— E o que terei de fazer?

— Basta que converse com ele e ele sinta que, com sua ajuda, pode começar um novo caminho no Bem. Na verdade, o que terá de fazer é libertá-lo, agora, de sua consciência pesada.

— E acha que conseguirei?

— Com muito carinho fraterno, tenho certeza de que conseguirá. E não se preocupe. Não estará sozinho nessa empreitada. Outros Espíritos o ajudarão.

— Farei o possível, Deodato, mas, e quanto aos que o capturaram?

— No devido tempo serão auxiliados e, para tanto, precisaremos também de sua ajuda.

— E como eles estão, sem Celestino?

— Um pouco perdidos, porque tinham essa ideia fixa da vingança e, na verdade, sem perceberem, acabaram prisioneiros também.

— Como assim?

— Quando desencarnaram e, se você se lembra desse fato, foi pelas mãos de Celestino, todos os seis juntos, na fuga que empreendiam...

— Lembro-me, sim, porque para arrefecer os pensamentos de fuga dos outros, Celestino trouxe os cadáveres *dos seis para servir de exemplo, dentre eles, o de uma mulher.*

– Certo. Continuando, quando desencarnaram, foram, inicialmente, socorridos pelos Espíritos incumbidos dessa tarefa, porém, em pouco tempo, o pensamento de vingança deles acabou transportando-os de volta para a fazenda e intentaram tanto contra Celestino que este acabou adoecendo e abandonou as vestes físicas.

– E, então, eles o capturaram?

– Sim, mas somente com a permissão de criaturas perversas que habitam as regiões inferiores.

– Como assim?

– Sem a permissão dessa legião de infelizes Espíritos do mal, eles não conseguiriam aprisioná-lo. Porém, essa autorização, digamos assim, tinha um elevado preço.

– E que preço?

– O preço de que esses escravos trabalhassem para eles em missões obsessivas na crosta terrestre.

– Meu Deus!

– E, agora, sem Celestino, não conseguirão se libertar desse jugo, tão forte ele se tornou.

– E terão de continuar a fazer o mal?

– Serão obrigados e sofrerão muito com isso, porque já sofriam prejudicando criaturas encarnadas que nem conheciam. Somente o faziam porque estavam obcecados pela ideia da vingança.

— Então, precisam, mesmo, de auxílio.

— Sim e essa tarefa é de nossa competência.

— E os dessa legião? Também precisam de ajuda.

— Você tem razão, mas tudo tem sua hora certa. Ainda não se encontram em condições de serem resgatados e, quando o forem, serão por outras equipes socorristas, mais afeitas a esse trabalho.

— Entendo e quero ajudar a todos.

— Deve começar por Celestino.

— E quando o encontrarei?

— Creio que daqui a algumas semanas, quando uma outra equipe o tiver atendido, pois não se encontra, ainda, em condições de ouvi-lo. Celestino está como que anestesiado, deverá despertar aos poucos e receber o tratamento necessário para que venha a recompor-se.

X

A CONVERSA DE DONA ELZA COM SEU AGENOR

Aos poucos, as pessoas vão deixando o recinto da sala de refeições do albergue, somente permanecendo Dona Elza, os demais diretores, os voluntários, que começam a lavar as louças, fazer a faxina, e seu Agenor, a quem a senhora solicitou permanecesse mais um pouco, antes de ir para seu quarto, pois gostaria muito de conversar com ele.

– Quero lhe agradecer, dona Elza, pela excelente refeição e pelo carinho que nos dispensaram. Mas a senhora queria falar comigo...

– Sim, seu Agenor. Sente-se aqui – pede, mostrando uma das cadeiras e sentando-se em outra à sua frente e os outros ao seu lado. – Bem... gostaria de saber um pouco mais sobre o senhor, se isso não for uma grande indiscrição de minha parte.

– De modo algum, senhora, apesar de que pouco teria a lhe falar. Sei que as pessoas têm um pouco de curiosidade sobre mim, porque tenho falado aos irmãos a pedido de alguns centros espíritas, nos quais me hospedo ou, simplesmente, me alimento. E a curiosidade é movida simplesmente pelo fato de que sou um andarilho e falo a respeito da Doutrina Espírita. Mas não vejo nada de especial nisso. Os espíritas podem e devem falar com as pessoas.

– Realmente, trata-se de uma curiosidade de minha parte e creio que o senhor deve entender, porque é difícil encontrar uma pessoa como o senhor, um andarilho, conhecer a Doutrina. Penso que há um passado diferente e é nisso que deve morar a curiosidade.

– Com toda a certeza. Acontece, dona Elza, que, como já disse, não sou um adepto da pobreza e nem da ociosidade, e a prova disso é que procuro trabalhar, vendendo coisas para sobreviver.

– Sim. Inclusive, falou a respeito disso hoje.

– Bem... vou tentar lhe relatar um pouco de minha vida, bem rapidamente, para não lhe tomar muito tempo. Tive uma vida normal como tantas outras pessoas. Infância feliz, sem necessidades, pois meu pai possuía modesta indústria de artefatos metálicos, na verdade, peças de acabamento para outras empresas. Quanto a isso, gostaria de não lhe revelar que tipo de peças eram essas, pois não desejo ilações a respeito, no sentido de se conjeturar que empresa poderia estar envolvida no ocorrido.

– Compreendo...

– Como estava lhe dizendo, tive uma infância

bastante feliz. Na adolescência, conheci a Doutrina Espírita, através de um livro que me emprestaram, e parecia-me que aqueles ensinamentos vinham ao encontro do que eu imaginava como seria a vida. Comecei, então, por conta própria, a frequentar a mocidade espírita de um Centro e li muitas obras a respeito, estudando sempre. Aos poucos, e detendo já bastante conhecimento da doutrina, consegui convencer meus pais sobre ela e, assim como eu, se entregaram ao Espiritismo, tornando-se frequentadores assíduos do Centro e começaram a trabalhar, principalmente na prática da caridade. Aos vinte e seis anos, já formado numa escola superior, passei a trabalhar com papai em sua pequena indústria. Alguns anos depois, ele desencarnou num acidente na fábrica e, logo depois, minha mãe, vítima de um aneurisma cerebral. Mais alguns anos se passaram e, por causa de uma crise financeira, tive de vender a fábrica e tudo o que tinha para saldar todas as dívidas e, praticamente, da noite para o dia, empobreci totalmente.

— E tornou-se um andarilho?

— No início foi muito desesperador. Sem ninguém, sem um tostão nos bolsos, recorri ao Centro e lá pude permanecer por alguns dias a mais do que poderia, numa exceção feita a mim, já que lá, assim como aqui, existem regras que têm de ser respeitadas. Fazia minha única refeição às noites e, durante o dia, procurava emprego. Cheguei a procurar algumas pessoas, conhecidas minhas, do ramo em que eu trabalhava, porém, acabei desistindo porque me prometiam encontrar algum trabalho, mas nunca recebia resposta. Até que percebi que no albergue do Centro não deveria permanecer mais, porque estava servindo de mau exemplo para aqueles que solicitavam ficar mais tempo hospedados e isso não era permitido além dos três dias. E já estava causando um certo embaraço para os dirigentes da casa. Foi quando um dos voluntários conseguiu para mim endereços de albergues pela região para que eu fosse fazendo um rodízio até encontrar uma solução para o meu caso. E, como trabalhava com artigos de cozinha, me arrumou três dezenas de abridores de lata que havia tido como mostruário e que não os usaria mais, tendo em vista um novo modelo lançado pela fábrica, para que eu os vendesse e conseguisse, assim, algum dinheiro. Para falar a verdade, não entendi a princípio, e penso que nem ele, porque como poderia sobreviver vendendo apenas trinta peças daquele gênero? Mas agradeci-lhe e as coloquei em minha mochila, único bem que possuía, além de algumas peças de roupa, algumas pequenas e leves ferramentas, alguns artigos de higiene que o Centro me deu e meus documentos pessoais. Não tinha mais nada, pois, como já disse, precisei vender minha casa e meus móveis.

– E o senhor saiu pelo mundo?

– Sim. Procurei o departamento assistencial da Prefeitura, que me concedeu uma passagem de ônibus até uma das cidades do roteiro dos albergues, e para lá me encaminhei. Parti da capital à noite e, chegando, fui dormir numa construção daquela cidade do interior. No dia seguinte, ao acordar, com uns poucos trocados que havia ganho desse voluntário, comi um sanduíche e, ao abrir a mochila para guardar o troco, um dos abridores de lata caiu ao chão. Foi quando uma voz, parecendo

partir não sei de onde, a ecoar-me nos ouvidos, disse-
-me: – Não se deixe abater e faça alguma coisa. Venda
esse abridor.

– E daí? – pergunta o senhor Carlos, presidente da
casa, bastante curioso.

– Bem, eu não sabia nem por quanto vender. Nisso, olhei à minha frente e vi um grande supermercado. Entrei e fui procurar um desses abridores para ver
o preço. Aí, perguntei a uma das vendedoras se a venda
de abridor de latas era grande. E ela me respondeu que
quase ninguém comprava, pois que a maioria das donas
de casa já deveria ter um. Isso me desanimou.

– Imagino.

– Mesmo assim, saí e comecei a bater de porta em
porta, oferecendo-o. Após ter percorrido uma dezena de
casas, sem nenhum sucesso, bati em uma em que uma
senhora me atendeu e, ao oferecer-lhe, ela me disse, estranhando a minha oferta:

– O senhor vende abridores de lata?

– Sim – lhe respondi.

– Mas só vende isso?

– Somente abridores de lata, senhora.

– Interessante. Ontem, ao abrir uma lata, notei
que meu abridor se encontrava muito enferrujado. Aí
pensei: tenho de comprar um abridor de latas novo. O
senhor acredita que fui até o supermercado, hoje de manhã, e acabei me esquecendo de comprá-lo? Mas, também, quem iria se lembrar de comprar um abridor de
latas, não é?

– Isso é verdade.

– Vou comprar um do senhor. Na verdade, vou comprar dois. Penso que o da minha filha também deva estar enferrujado.

– Espere – interrompe dona Elza –, vou adivinhar. Partindo do que essa mulher lhe falou, o senhor arrumou um argumento para convencer as donas de casa...

– Pois foi isso mesmo. Foi aí que encontrei o mapa da mina, como se diz, quando encontramos uma boa solução. Comecei, então, a levar esse argumento às donas de casa. Quando oferecia um abridor, perguntava se o dela já não estaria bastante enferrujado e dizia que um abridor era tão barato...

– E começou a vendê-los.

– Consegui vender os trinta num só dia de trabalho.

– E depois? Onde conseguia arrumar mais para vender?

– Por toda cidade por que passava, procurava um armazém e perguntava se era difícil vender abridores de lata. E a resposta era sempre a mesma. Então, eu fazia uma oferta para comprar todos os abridores ou parte deles a um preço mais barato. Nessas alturas, já sabia o preço que as fábricas vendiam aos comerciantes e oferecia um valor igual.

– E ainda vende abridores até hoje?

– Sim. Nunca mais parei de vendê-los. E vendo outras coisas, também.

– Já estou sabendo que vende peças de bambu que o senhor mesmo fabrica.

– Isso mesmo.

– E como aprendeu a fazer essas peças?

– Sabe, dona Elza, quando temos boa intenção, a vida vai nos ensinando. Basta que observemos as coisas.

– E nunca mais voltou à capital?

– Somente uma vez, porque roubaram meu documento de identidade e precisei ir até lá para solicitar um outro. Por sorte, tinha uma cópia, o que facilitou a emissão de uma segunda via.

– Seu Agenor, diga-me uma coisa: estou sabendo que alguns Centros Espíritas lhe pedem para falar aos seus frequentadores.

– Isso é verdade.

– E por que procuram tanto ouvi-lo?

– Na verdade, dona Elza, creio que aprendi muito nesta minha vida de andanças por mais de trinta anos e digo às pessoas como penso que elas podem encontrar a felicidade. E, quando falo, percebo ter o auxílio de algum Espírito que me inspira, e tudo o que penso, acabo proferindo com as palavras mais acertadas por força da minha mediunidade.

– O senhor é feliz?

– Sou e muito.

– Por causa da vida que leva?

– Esta vida me ensinou a ser feliz, mas como já disse há pouco, não sou adepto da pobreza e nem da miséria e, se estou nesta situação, foi por força das circunstâncias. Dessa forma tento procurar aproveitar o melhor possível esta experiência. Vivo num mundo diferente, onde existem os bons, mas, também, os maus, assim como no mundo dos normais, dos que possuem alguma coisa de material. Não que sejamos anormais, porém, fazemos parte de uma classe que não se acertou no terreno da materialidade, dos bens, dos pertences. Costumo dizer que os andarilhos como eu, vivem superficialmente neste planeta, como se estivessem planando sobre ele. Digo isso porque, na verdade, na maioria das vezes, não lhe, é dado o direito de ocupar um metro quadrado que seja desta Terra. Imagine a senhora não ser detentora de um espaço do tamanho do seu corpo em pé. E todos nasceram aqui. Veja bem que não estou reclamando porque, espírita que sou, sei muito bem que tenho que passar por essa experiência, mas a maioria dos andarilhos não tem esse conhecimento e sofre muito com isso.

– Você poderia me dar um exemplo?

– Sim. Imagine esta cena: um andarilho se encontra parado em uma esquina, talvez resolvendo para que lado deve ir ou apenas para pedir auxílio a um transeunte que passa por ali. De repente, chega alguém, morador ou comerciante daquele local e vai logo lhe dizendo: –Vai circulando, homem, vai circulando! – E o andarilho se afasta. Por outras vezes, cansado da caminhada, vê-se na necessidade de sentar-se em um banco numa praça para descansar o corpo. Não raro aparece algum responsável pela segurança dali e pede ou ordena, o que é pior, que ele se afaste. Já vi, inclusive, muitos serem convidados a se retirar de casas religiosas, de eventos públicos. Por esse motivo que costumo dizer que planamos neste planeta e é por esse mesmo motivo que nos dirigimos aos albergues como este, porque aqui ninguém nos convida a sair. Estes são verdadeiros oásis para nós, onde nos sentimos habitantes desta Terra.

Dona Elza enxuga furtiva lágrima.

– Não deve ser nada fácil para o senhor essa vida que leva.

– Eu, particularmente, faço o que posso para sobreviver enquanto procuro melhorar o meu eu, Espírito que sou, com os ensinamentos de Jesus e, sempre que possível, procurando ensinar tudo isso aos meus companheiros de estrada. E vou repetir o que já disse, com as mesmas palavras: penso que as pessoas têm de viver o melhor possível com o que têm, seja muito, seja pouco, seja nada. Deus está conosco e Jesus nos acompanha com seu pensamento e seu carinho.

– E o que o senhor diz a essas pessoas, nessas palestras? Oh! Desculpe-me. Estou tomando demais o seu tempo. Deve estar muito cansado e precisando de repouso.

– Não se preocupe. Vou lhe resumir. Em primeiro lugar, digo a elas que temos de tirar da nossa cabeça, de nossa mente, que somos melhores que os outros, que os nossos semelhantes. Não somos os melhores, não somos os mais bonitos, não temos de nos amar tanto, mas, sim, amar ao próximo; que não temos de ter mais dinheiro que o nosso vizinho, nem o melhor carro, nem a melhor casa, nem a esposa e filhos, os mais bonitos e perfeitos. Que não temos de ter e nem sermos nada disso, porque, senão, tanto tempo perderemos para termos ou sermos toda essa infantilidade, que não teremos tempo, nem de usufruirmos a modesta casa, o carro menos novo, o pouco dinheiro que temos, porque o empregamos na tentativa de sermos ou parecermos melhores que os outros. E essa corrida na direção de sermos os melhores, um dia terminará, sem que tenhamos sido alguma coisa, porque quando empreendemos uma corrida desse tipo, provavelmente nunca estaremos satisfeitos a ponto de usufruirmos o carro desta nossa encarnação e ela terminará sem que tenhamos sido o vencedor.

– Isso é verdade.

– E nem teremos alcançado a tão proclamada autoestima, porque estaremos sempre lamentando o que somos, por melhores que sejamos. Nem precisamos da autoajuda de que tanto se fala, daquela que tenta fazer com que a pessoa se creia a melhor de todas as criaturas, achando que, com esse pensamento, ela alcançará a felicidade que, na verdade, não se consegue com ideias e atitudes egoístas, mas, sim, com ideias e atitudes altruístas. O que se necessita, é da *Alta-ajuda,* ou seja, da *Ajuda do Alto,* que já conhecemos: os ensinos de Jesus. Ele já nos ensinou a sermos felizes, com a simplicidade e com a alegria do próximo.

– E eu lhe confesso, seu Agenor, que, mesmo sabendo de tudo isso, tenho dificuldade em ser totalmente feliz, mas vou tentar me lembrar sempre de tudo o que me disse hoje.

– Eu não lhe disse nada de novo, dona Elza. E lhe recomendo uma diretriz bastante simples: fale às pessoas sobre isso porque, quanto mais falar, quanto mais recordar essa verdade, mais e mais essa ideia será assimilada em seu coração e em sua mente e verá que, em pouco tempo, estará vivendo essa realidade.

– Pois vou fazer isso. A propósito, seu Agenor, gostaria que, se fosse possível, o senhor permanecesse por mais tempo nesta cidade.

– Mais de três dias?

– Isso mesmo. E se não houver vaga no albergue, lhe arrumo um local para ficar.

– Mas para quê?

– Depois de amanhã, domingo, iniciaremos uma feira de livros espíritas na praça principal e gostaria que participasse dela. Na verdade, estamos precisando de alguém que permaneça na feira no horário de almoço e, como me parece conhecer a fundo a Doutrina, seria de grande ajuda para nós. Com o senhor, ficará uma pessoa encarregada do caixa. E quanto à feira, se pudesse participar dela por mais tempo durante o dia, ficaríamos muito gratos. Creio que poderia nos ajudar a realizar o atendimento fraterno que colocamos à disposição de algumas pessoas que para lá vão em busca de consolo, esclarecimentos, enfim, auxiliar criaturas necessitadas de uma palavra de ânimo. Sempre fazemos isso nas feiras que realizamos. E nem precisaria se preocupar em vender seus abridores de latas ou seus objetos de bambu para ter condições de se alimentar no horário do almoço. O senhor poderia almoçar por nossa conta, não é, seu Carlos?

– Estou de pleno acordo e penso que teve uma feliz ideia.

– O que me diz? – pergunta a senhora a seu Agenor.

– Bem, fico-lhe muito grato pelo oferecimento e muito me agradaria poder falar às pessoas necessitadas, porém, não posso aceitar essa alimentação.

– E por quê?

– Não me sentiria bem. Afinal de contas, existem outras criaturas que se encontram nesta mesma condição que eu. O que posso fazer é o seguinte: na parte da manhã, procurarei vender meus produtos. Na hora do almoço, estarei lá para permanecer enquanto os outros fazem sua refeição. E à tarde, até a noite, permanecerei na feira, auxiliando no que for preciso. Pode ser assim?

Dona Elza emociona-se com a preocupação de seu Agenor em não se servir dos conhecimentos que tem para obter um tratamento diferenciado.

– Do jeito que o senhor achar melhor. Combinado, então?

– Tudo bem. Até domingo.

XI

A LEITURA DO
QUARTO MANUSCRITO

Alguns dias depois, encontram-se reunidos Nelson, Mara, Roberto e Narciso para a leitura do quarto manuscrito, e é Mara quem se encarrega de o ler:

Continuava meus estudos, mas sempre com o pensamento em Celestino e orando por ele, até que, passadas algumas semanas, Deodato voltou a me falar sobre o assunto.

— Sebastião, penso que chegou o momento de seu encontro com o feitor Celestino.

— Hoje?

— Daqui a pouco.

— E como ele está?

— Encontra-se calmo, mas ainda com os pensa-

mentos bastante confusos e embaralhados pelo que passou e pela dor na consciência, por todo o mal que causou a tantos negros.

— Tudo bem. Alguma recomendação, Deodato?

— Apenas faça o que seu coração lhe mandar, com muito carinho e paciência. A propósito, até agora ele ainda não viu nenhum negro, apenas por uma questão de não piorarmos mais a sua situação. Você vai ser o primeiro. Podemos ir?

— Podemos.

Encaminhamo-nos, então, até um dos barracões e, após percorrermos vários leitos, Deodato deslocou um biombo e pude ver Celestino, que se encontrava deitado, mas com as costas recostadas em travesseiros. Um enfermeiro encontrava-se ao seu lado. Quase não o reconheci, tamanha a deformidade em suas faces. Seu olhar se encontrava fixo em algum ponto à sua frente.

— Celestino — chamou-o Deodato. — Como se sente hoje?

O homem não desviou o olhar daquele ponto fixo, parecendo não ouvir.

— Celestino — chamou, novamente, o amigo.

Nesse momento, Celestino ouviu o chamado e, lentamente, dirigiu seu olhar para Deodato.

— Estou aqui — respondeu, fracamente.

— Trouxe um amigo para falar com você.

— Amigo? Não tenho amigos. Nunca tive amigos.

— *Mas este aqui diz ser seu amigo.*

— *E quem é?*

Deodato dirigiu-me um sinal para que me aproximasse.

— *Este homem, aqui. Olhe para ele. Aqui do meu lado.*

O feitor olhou-me e seus olhos se esbugalharam de pavor, e começou a gritar:

— *Não!!! Não!!! Tenho medo!!! Não me faça mal!!! Oh, meu Deus! Será que caí em outra armadilha?!*

— *Acalme-se, Celestino – disse-lhe. – Não quero lhe fazer mal algum, apenas ajudá-lo. Confie em mim. Não sinto ódio por você. Somente quero ajudá-lo. Não se lembra de mim?*

Celestino parou de gritar e, olhando no fundo de meus olhos, após alguns segundos de silêncio, disse, ainda aparentando um pouco de medo:

— *Eu o conheço, sim, mas não consigo me lembrar direito. Eu surrei você alguma vez? Por favor, perdoe-me.*

Toquei-lhe uma das mãos com minha mão esquerda e, com a direita, acariciei-lhe a fronte, respondendo-lhe:

— *Você me conhece, sim, Celestino e, por favor, não vamos falar aqui do passado que foi muito doloroso para mim e, tenho certeza, para você, também. Pensemos apenas no presente e sobre o que planejaremos* para o futuro.

— Sebastião... Você é Pai Sebastião... como todos o chamavam.

— *Isso mesmo.*

— *Já surrei você, uma vez.*

— *E daí, meu amigo? Não posso nem imaginar o que devo ter-lhe prejudicado em longínquo passado.*

— *Você nunca me prejudicou em nada. Pelo menos, não me lembro. Ah, já sei, numa outra vida, não é? Não consigo entender nada disso, de outras vidas, mas é o que não se cansam de me dizer.*

— *E é a verdade. Já vivemos muitas vidas, mas isso não é o importante, agora. No momento, somente quero auxiliá-lo.*

— *Nada poderá fazer por mim. Ninguém poderá fazer nada por mim porque o meu mal, a minha doença está aqui dentro de minha cabeça. É o arrependimento, Pai Sebastião.*

— *Esse mal tem cura, meu amigo.*

— *Mas como? Só se me fizerem esquecer tudo o que fiz.*

— *Não há necessidade disso.*

— *Mas como, então?*

— *Trabalhando no bem. Fazendo o bem para as criaturas que magoamos, ajudando-as a encontrar a felicidade.*

Essas minhas palavras, certamente a mim inspiradas por Deodato ou outra entidade espiritual mais elevada, provocaram repentina mudança no infeliz. Seus olhos readquiriram um certo brilho, na esperança da possibilidade de consertar tantos estragos por ele causados a tantos irmãos, tão infelizes quanto ele.

— Isso é possível? – perguntou, agora, com os olhos marejados de lágrimas.

— Lógico que é possível. E é o que Deus, nosso Pai e Criador, deseja que façamos perante os nossos erros.

— E como fazê-lo? Não posso nem imaginar.

— Em primeiro lugar, procurando ter fé e confiança no futuro e acalmando o coração e a mente. Depois, mais tranquilo, terá a oportunidade de aprender muitas coisas sobre a vida e, também, sobre os caminhos possíveis para essa tarefa. Primeiro, terá de aprender como fazer e, depois, poderá cumprir essa tarefa que é sua. E não se preocupe. Terá todo o auxílio necessário para tanto.

— Obrigado, Meu Deus, pela oportunidade. E que Ele o abençoe, Sebastião, e a todos vocês. Que Deus o recompense, Pai Sebastião, pelo seu perdão e por essa disposição em me ajudar.

Daí em diante, tudo ficou mais fácil. Comecei, a pedido de Deodato, a preparar Celestino. Ensinei-lhe o que sabia e todas as noites estudávamos o Evangelho. Aos poucos, foi se transformando numa outra pessoa e eu, por minha vez, sentia que possuía um grande débito para com ele. Mais um tempo se passou e chegou o dia tão esperado por mim: o de auxiliar os seis escravos aprisionados pela legião das trevas. Na verdade, pelo que pude saber, ainda trabalhavam forçadamente no mal e sofriam muito com isso. Por outro lado, ainda nutriam ódio e desejo de encontrarem Celestino.

— Está pronto, Sebastião? – perguntou-me Deodato.

— Estou, sim. Mas como será esse encontro?

— Será num terreno neutro. Uma equipe desta nossa colônia, devidamente preparada para isso, trará os seis escravos para esse local e você irá falar com eles.

— Alguma instrução, Deodato?

— A de sempre, Sebastião. Paciência, muito amor e mente aberta às inspirações de Espíritos que, à distância de sua visão, o inspirarão.

— Mediunidade aqui?

— Sim. E por que não? Somos constantemente inspirados por Espíritos mais capazes, entidades superiores que nos auxiliam neste nosso trabalho.

Pela primeira vez, dirigi-me, acompanhado de outros trabalhadores e do próprio Deodato, até aquele ponto onde não havia nenhuma construção e que a denominava "abertura da ferradura", e começamos a percorrer a estrada em declive. Caminhamos, sem nos cansar, por cerca de mais de duas horas. À medida que caminhávamos, brumas cada vez mais escuras aumentavam de intensidade, escurecendo o ambiente a ponto de quatro elementos da equipe acenderem archotes, a fim de iluminar o caminho. Mais à frente, nos deparamos com uma clareira, pois essa estrada era cercada de árvores, nos dois lados. Árvores que, à medida que nos aprofundávamos mais, se tornavam mais secas e retorcidas. Detivemos os nossos passos a um sinal de Deodato e ali permanecemos por algum tempo, até que ouvimos vozes que se aproximavam.

– Para onde estão nos levando?! – perguntava um deles, entre furioso e amedrontado.

– O que mais querem de nós? Já não fizemos o bastante? Não queremos mais! Não queremos mais!

– Somente desejamos o feitor! Por que permitiram que o levassem?! O que irão fazer conosco?! Quem são vocês?! Não os conhecemos.

Essas vozes eram dos escravos que eram trazidos pela equipe de resgate e que nada diziam. Na verdade, não vinham amarrados, nem acorrentados, apenas forçados mentalmente por aqueles Espíritos do bem. E assim que irromperam na clareira, um deles, vendo-me, gritou:

– Pai Sebastião!

E o outro:

– Pai Sebastião! Fuja! Fuja! Não deixe que eles o aprisionem também!

– Fuja, Pai Sebastião!

– Acalmem-se, meus irmãos do coração – disse-lhes, tocado por forte emoção, reconhecendo-os todos: Noal, Antonio, Bento, Luís, Caco e Mercedes. – Estou aqui para ajudá-los.

– Fuja! Nada poderá fazer por nós. Somos prisioneiros.

– Estamos aqui para os libertar – insisti, calmamente.

— *Por favor, sentem-se – pediu-lhes um dos integrantes da equipe que os trouxera, com muito carinho na voz.*

— *Vocês não fazem parte da legião?*

— *Não. Eles não fazem parte da legião que aprisiona vocês – respondi. – São Espíritos trabalhadores do bem. E os trouxeram até aqui para que possamos auxiliá-los.*

— *E o que poderão fazer por nós? E que interesse têm?*

— *Como já lhes disse, o de auxiliá-los, como Jesus nos ensina.*

— *Jesus? Você fala como um padre, Pai Sebastião.*

— *Falo como um servidor de Jesus e desejo que não sofram mais.*

E a escrava, então, tomou a palavra:

— *Não queremos mais sofrer e nem fazer outros sofrerem. Na verdade, o nosso sofrimento atual está sendo provocado pelo mal que fazemos a inocentes que nem conhecemos, a mando da legião. Não queremos mais essa vida.*

— *Só queremos de volta o feitor – disse um outro. – Você o conhece, Pai Sebastião. Ele se chama Celestino.*

— *E para que o querem?*

— *Para fazermos justiça.*

— *Já não se banquetearam o bastante com o sofrimento desse infeliz?*

— *Infeliz?! Ele nos assassinou! É um assassino!*

— *Ele está arrependido por tudo o que fez.*

— *Arrependido? E você acredita nisso?*

— *Espere – disse outro. – Se você sabe que ele está arrependido é porque sabe onde ele se encontra. Esteve com ele.*

— *Sim. Eu sei onde ele se encontra e estive com ele, sim.*

— *Então, nos diga, Pai Sebastião. Precisamos apanhá-lo.*

— *Será que não percebem o que estão fazendo e o que já fizeram? Dizem que sofrem em fazer o mal a criaturas inocentes. Não se arrependem disso?*

— *Nos arrependemos, sim, e como já disse, sofremos muito com isso.*

— *E por que continuam a praticar o mal?*

— *Porque somos obrigados.*

— *Ninguém pode obrigar ninguém a fazer o mal.*

— *Eles podem. Se não obedecemos, nos castigam.*

— *Libertem-se deles.*

— *Libertar-nos? Como?*

— *Basta que deixem de lado esse desejo de vingança, porque é esse sentimento de ódio contra Celestino que permite que a Legião do mal os aprisione. Esse ódio é a corrente que os prende a eles.*

— *Desistir de nossa vingança?*

— *E o que é mais importante para vocês? A vin-*

gança ou deixar de causar sofrimento a inocentes? Não percebem que estão agindo de maneira pior do que a do feitor? Ele, pelo menos, obedecia ordens e nos castigava, quando desobedecíamos as ordens do patrão. E essas criaturas que vocês castigam? Nem as conhecem. Se sentem-se arrependidos pelo que fazem, por que Celestino não pode também ter-se arrependido? Quem pensam que são para julgar o grau de arrependimento de uma criatura?

Percebia que não era eu quem falava com eles. As palavras saíam de meus lábios, porém, oriundas de um pensamento que me invadia a mente. Estava, com essas palavras, sendo firme, porém, as proferia com muito carinho.

— O que me dizem? O que preferem?

Os seis baixaram o olhar e Noal, que me pareceu liderá-los, após alguns segundos de reflexão, respondeu-me:

— Você, como sempre, tem razão, Pai Sebastião. Para que sacrificarmos inocentes apenas para nos vingarmos? E não aguentamos mais esta vida. Queremos libertar-nos, mas não nos peça para esquecermos ou perdoarmos Celestino.

— Terão de fazê-lo se quiserem ser ajudados, mesmo porque virão para o mesmo lugar onde ele se encontra abrigado. E tenham certeza de uma coisa: um dia, perceberão o erro que cometeram, pois entenderão que, na verdade, somos devedores a pessoas como Celestino.

— Devedores?

— Em vidas passadas.

– *Já ouvimos falar nisso, Pai Sebastião. Em vidas passadas. Você também acredita nisso?*

– *Sim, e tenho certeza de que acreditarão também. Somente lhes peço que me deem uma chance de auxiliá--los e de esclarecê-los. No momento, somente lhes peço confiança em mim e nestes meus amigos. E, por favor, nos acompanhem. Não se arrependerão.*

– *Confiamos em você, Pai Sebastião, e o seguiremos.*

Quando Mara termina a leitura e Narciso e Roberto erguem os olhos, pois encontravam-se de cabeça baixa e olhos cerrados para se concentrarem melhor na narrativa, percebem, assim como a irmã, que Nelson, o pai, chora, em silêncio.

– O que foi, papai? Por que chora assim?

– Esse trecho da narrativa me emociona muito. Parece que rebusca algo de meu passado.

– Seu passado?

– Sim. Na verdade, sinto-me na pele de um desses escravos. Agora, nem tanto, mas quando li pela primeira vez, e sozinho em meu quarto, senti, inicialmente, o ódio que um deles sentia por Celestino, e o arrependimento pelo mal que cometia contra inocentes, obrigado que era a agir assim. E isso me assusta, porque essa figura do feitor me incomoda muito, como se o tivesse conhecido. Penso, até, que tenho muito a ver com tudo isso e que não é por mero acaso que esses escritos estão vindo parar em minhas mãos, principalmente pelo fato de que foi a mãe de vocês quem me direcionou até Haroldo.

– Você não deve se deixar impressionar tanto por essa história, papai. Afinal de contas, todos nós estamos emocionados, também – diz Roberto.

– E se o senhor acha que ela tem a algo a ver com o senhor, não se preocupe – complementa Mara –, porque, mesmo que tenha, qual o problema? Hoje o senhor é uma pessoa boníssima, um excelente pai e, principalmente, nunca prejudicou ninguém em toda esta sua vida.

O homem permanece, por alguns momentos, cabisbaixo, e decide encerrar aquela conversa.

– Tudo bem, meus filhos. Não vou me deixar envolver tanto. Vocês têm razão. Agora, vou me recolher, pois estou um pouco cansado.

– Eu vou apanhar Débora. Vamos sair um pouco, talvez, jantar naquele restaurante chinês – informa Roberto.

– Também tenho de sair. Lúcia está me esperando. Vamos ver um filme. Quer ir conosco, Mara?

– Obrigada, Narciso. Vou estudar um pouco. Terei provas na semana que vem.

– Você anda estudando demais. Precisa se distrair um pouco.

– E arrumar um namorado – brinca Roberto.

– Tudo tem a hora certa, irmão. E nas férias, prometo que vou sair mais.

– Bem, filhos, divirtam-se – diz Nelson, retirando-se em direção ao seu quarto.

Quando lá chega, veste uma roupa para dormir e se deita. Faz uma prece e fica a pensar em tudo o que lhe está acontecendo e não consegue tirar de sua mente a figura de Noal, o escravo que, na narrativa, foi considerado como um líder dos outros cinco e percebe que se encontra agoniado, com enorme vontade de ler a sequência daquela história, da qual agora desconfia ter feito parte integrante, no passado. Também o incomoda a frase de sua filha, colocando-o num pedestal de virtudes, principalmente quando disse que ele nunca havia prejudicado ninguém. E as lágrimas voltam a brotar de seus olhos.

XII

Na feira

No domingo, às oito horas da manhã, ocorre a abertura da VIII Feira do Livro Espírita na praça central daquela cidade interiorana, onde, naquele momento, se encontram toda a diretoria do Centro Espírita, seus voluntários, chegando a mais de uma centena de pessoas. A referida feira se realiza em uma grande barraca, coberta de lona, com abertura e passagem por todos os lados e, em seu interior, mesas e estantes acondicionam os livros espíritas para serem vendidos. Nesse momento, o presidente da instituição faz uma prece de agradecimento, rogando ao Alto que os abençoe naqueles dias em que ocorrerá tão esperado evento anual. Seu Agenor já se encontra no meio das pessoas, assistindo a tudo. Dona Elza, quando o vê, o chama, a fim de que chegue mais próximo a eles. Na verdade, o comentário sobre seu Agenor já havia tomado conta dos frequentadores da casa durante todo o sábado e muitos queriam conhecê-lo e, se possível, até mesmo, falar com ele. E, nesse momento, em que o andarilho humildemente se aproxima de Dona Elza, todos os olhares convergem para a sua pessoa e um discreto murmurinho se faz ouvir dentre os presentes.

– Seu Agenor deve ser aquele homem ao lado de dona Elza. – diz uma senhora a uma outra que se encontra ao seu lado.

– Bastante simpático ele.

– Dizem que faz milagres – comenta um senhor.

– Ouvi dizer que o maior milagre dele, sai de suas palavras – argumenta mais outra.

– Gostaria muito de lhe falar.

– Dona Elza disse que ele ficará aqui na feira todos os dias, a partir das doze horas.

– Pois virei conversar com ele.

– Pelo jeito, haverá fila – comenta uma velhinha.

Nesse momento, começam as apresentações, pois todos querem cumprimentar seu Agenor e conhecê-lo mais de perto.

– Gostaria de comprar um abridor de latas, seu Agenor.

– E eu quero um senhor dos ventos.

– E o Espírito do bambu? – pergunta uma mocinha. – Vai nos mostrar?

– Por favor, esperem um pouco – pede dona Elza, erguendo a mão direita, como que para chamar a atenção. – Um momento, por favor. Seu Agenor, agora, tem de trabalhar e voltará às doze horas. Se alguém quiser comprar algum de seus produtos, por favor, aguarde do lado de fora da feira e seu Agenor terá todo o prazer em atendê-los. Por favor.

Algumas pessoas se retiram, aguardando a presença do andarilho que, acabrunhado e meio sem jeito pela situação constrangedora para ele, afasta-se da barraca, dirigindo-se até algumas dezenas de metros com as pessoas o seguindo. Fazem uma fila e passam a adquirir seus abridores de lata e demais objetos de bambu, tendo que alguém intervir para que cada um dos interessados compre apenas uma das mercadorias. E seu Agenor dá graças a Deus quando tudo o que tem para vender se esgota, prometendo providenciar mais, assim que possível, apesar de saber que, em tão curto espaço de tempo, apenas conseguirá arranjar abridores de lata, pois os objetos de bambu ele levaria algum tempo para confeccionar.

– Infelizmente terminou tudo, meus irmãos, e agradeço muito, a todos vocês, por tê-los comprado.

Dizendo isso, retorna à barraca, para junto de Dona Elza.

– Não tem mais nada para vender, seu Agenor? – pergunta-lhe a senhora, sorrindo, satisfeita e achando graça da fisionomia do homem, que não consegue deixar de transparecer um certo ar de constrangimento.

– Eu não pensei... e nem sei por quê...

– Não se preocupe. Depois daquela nossa conversa anteontem, certamente, a notícia sobre o senhor se espalhou e todos quiseram colaborar. Tenho quase que absoluta certeza de que a maioria foi verificar se o seu abridor não estava já muito enferrujado. Penso que seria muito bom se o senhor providenciasse mais mercadorias. Aliás, conheço um mercado aqui perto que vende abridores de lata, quer dizer, não vendem, apenas expõem, pois como o senhor mesmo disse, pouca gente se preocupa em comprar um novo. Se quiser ir até lá e arrematar o que eles têm de estoque, lhe ensinarei como chegar.

Agenor apenas sorri e concorda com a cabeça. Afinal de contas, terá de comprar mais mesmo, apesar de que não pretende vender mais nenhum naquela cidade. Irá comprá-los para vender na próxima, pois conseguiu lucro suficiente para almoçar o resto daqueles dias e ainda comprar alguns artigos de higiene pessoal e, talvez, até uma camisa e uma calça. E pretende, também, retornar um pouco na sua caminhada para apanhar mais bambu, a fim de confeccionar mais mercadoria. Vendeu-a toda, apenas lhe sobrando duas mágicas do Espírito do bambu. E, para acalmar um pouco a agitação na feira, que lhe pareceu ser provocada por ele, despede-se e afasta-se, prometendo retornar ao meio-dia, como combinado. Dirige-se, então, ao mercado que dona Elza lhe indicara e, como sempre, após verificar a quantidade de abridores de lata, procura o proprietário a fim de lhe fazer uma oferta de compra. O homem não consegue entender por que aquele indisfarçável andarilho quer adquirir tantas peças e, desconfiado, somente concorda em vendê-las ao ver o dinheiro em suas mãos e examiná-lo bem, desconfiado de sua procedência. E quando Agenor sai com a mercadoria já acondicionada em sua sacola, comenta com os vendedores:

– Mas cada louco que me aparece! O que será que ele quer com tanto abridor de latas?

– O senhor fez um bom negócio, seu José. Já faz muito tempo que não vendemos um só desses abridores.

– Coloquei um lucrinho em cima e pronto. Mas o que será que esse homem quer com tantos abridores? – fica a pensar.

São quase onze horas e trinta minutos e Agenor chega à feira, após ter-se alimentado frugalmente e com pouco gasto numa quitanda ali perto.

– Já, seu Agenor?

– Sempre procuro chegar antes do horário quando combino algum com alguém. Dessa forma, não corro o risco de chegar atrasado.

– O senhor já se alimentou?

– Já, dona Elza. Não precisa se preocupar.

– Comprou mais abridores?

– Sim, mas não conte a ninguém. Minhas vendas aqui nesta cidade estão encerradas.

– O senhor poderia ficar rico, seu Agenor – brinca a mulher.

– Não quero mais essa tentação, dona Elza – devolve, também como uma pilhéria, e riem da situação.

– Se vocês quiserem ir, já estou aqui para trabalhar.

– Muito bem, então. Este aqui é Jorge, nosso colaborador que se incumbe do caixa. Mais tarde, ele será substituído. Vamos almoçar, mas, logo, logo, estaremos de volta e outros voluntários também virão. Neste horário poucas pessoas vêm à feira e creio que o senhor e Jorge poderão cuidar de tudo.

– Podem ir tranquilos.

– Se precisarem de alguma coisa, basta que me telefonem. Jorge sabe o número de meu telefone.

– Tudo bem.

Dona Elza e mais três pessoas se retiram para irem almoçar e Agenor e Jorge permanecem.

✳✳✳

São catorze horas e quinze minutos quando dona Elza se aproxima da praça, juntamente com mais algumas pessoas que permanecerão durante toda a tarde na feira e, quando chegam a uma esquina, de onde podem visualizar a barraca, um senhor que faz parte daquela comitiva, exclama:

– Mas o que estará acontecendo lá na feira?!

– Meu Deus! Quanta gente! – exclama uma das mulheres. – Dona Elza, aperte o passo – pede, já que Elza e mais duas voluntárias se encontram mais para trás.

– O que foi, Matilde? – pergunta, aproximando-se.

– Veja!

– Mas o que é aquilo? Vamos depressa! Seu Agenor e Jorge devem estar em apuros.

Chegam quase a correr em direção à barraca. Quando se aproximam mais, percebem que existe uma fila de cerca de umas vinte pessoas aguardando a vez para efetuar o pagamento de livros que carregam, junto ao caixa, e mais umas outras tantas querendo falar pessoalmente com Agenor, que se postara sentado em uma cadeira enquanto alguém, sentado em outra, à sua frente, o ouve. Aqueles que aguardam a vez para falar com o andarilho procuram se manter a uma certa distância, a fim de não inibirem o consulente. Entram, agora, na barraca, com mais calma, para observar o que está acontecendo. Dona Elza procura, então, ver os livros que as pessoas estão comprando e quase não acredita no que vê, pois a maioria está adquirindo vários exemplares de *O Evangelho Segundo o Espiritismo* e algum outro livro. Alguns chegavam a comprar mais de dez exemplares desse Evangelho. E de muitos, ouve eloquentes elogios ao andarilho, chegando, mesmo, alguns, a nomeá-lo como um santo homem. Aproxima-se de seu Agenor e ouve parte do final de uma de suas falas:

– Meu irmão, fazemos parte de uma porcentagem muito pequena de criaturas que, pelo conhecimento que temos da Doutrina Espírita, da continuidade da vida, das leis de justiça, das oportunidades que Deus, nosso criador, nos oferece, da oportunidade de nos reencontrarmos com os que mais amamos, após a desencarnação, da possibilidade do contato mediúnico com aqueles com quem mais temos afinidade, somos mais felizes que aqueles que ainda não tiveram essa oportunidade de conhecer a Religião dos Espíritos. Por isso, meu irmão, devemos retribuir tudo isso, divulgando essa Religião, levando todos esses conhecimentos a eles. E o que podemos fazer? Como começar? É muito simples: quando tiver uma oportunidade, compre um exemplar de *O Evangelho Segundo o Espiritismo* e presenteie alguém que sabe em dificuldades, alguém que sabe estar sofrendo ou, então, se não tiver alguém para oferecer esse presente, simplesmente "esqueça-o" em algum lugar. Pode ser num banco de jardim, num ônibus, numa sala de espera de um consultório médico ou na poltrona de um cinema e deixe que a Espiritualidade Maior faça o resto. Com toda a certeza, ela saberá direcionar um infeliz até essa dádiva que são os ensinos de Jesus sob a óptica da Doutrina Espírita. São benditas ferramentas que devemos espalhar para que possam ser utilizadas por esses trabalhadores de Jesus. Essa, também, é uma maneira de fazer o bem. Quanto ao seu problema particular, não se esqueça do que lhe disse: muita fé e creia que a verdadeira fé não é ver os nossos desejos satisfeitos, mas a certeza de que, aconteça o que nos acontecer, é o que de melhor Deus, nosso Pai, nos estende como uma maneira de aprendermos e de evoluirmos. Muitas vezes, lágrimas podem desobstruir nossos olhos de partículas que enevoam a nossa visão.

– Sempre existirão problemas maiores que os nossos, não é, seu Agenor?

– Sempre existirão, mas que a visão desses problemas de nosso próximo não sejam vistos apenas para que nos conformemos com os nossos, mas que sejam vistos como uma bendita oportunidade de servir. Porque Deus sempre auxilia seus filhos através das mãos de outros de seus filhos.

— Deus lhe pague por suas palavras, seu Agenor. Não imagina como saio daqui com o coração mais leve e com muita esperança no porvir.

— Que Deus nos abençoe, meu irmão. Que nos abençoe e nos auxilie sempre a curar para podermos ser curados também.

A pessoa se levanta e dona Elza pode ver, agora, que ela tem os olhos marejados de lágrimas. Uma mulher senta-se à frente de Agenor, enquanto o homem que havia terminado de se consultar apanha vários Evangelhos e se dirige à fila do caixa. Dona Elza, então, percebe que muitos, ao saberem da presença de Agenor, naquele horário, para lá se dirigiram a fim de consultá-lo e começa a ficar preocupada, pois começam a chegar mais e mais pessoas com essa finalidade. As horas passam e o homem continua a atender, sem parecer se cansar. Já começa a anoitecer e Carlos, presidente do Centro, chega, e dona Elza lhe relata o que está acontecendo desde a hora do almoço e que está preocupada porque a fila continua grande. Carlos esclarece que veio até ali porque lhe telefonaram informando do alto teor das palavras do andarilho e que muitas pessoas para lá estavam se dirigindo a fim de consultá-lo.

— Temos de fazer alguma coisa, Carlos. Seu Agenor já deve estar muito cansado e, se isso continuar assim, como serão os próximos dias? A notícia vai se espalhar e, pelo que estou sentindo, isso já está acontecendo, porque a fila já está bem maior do que a que encontrei quando aqui cheguei.

– O que me diz, Eusébio? – pergunta Carlos a um outro diretor da casa espírita.

– Também estou preocupado, apesar de ele não me parecer nem um pouco cansado. O sorriso não lhe sai dos lábios.

– Vejo muitos Espíritos ao seu lado – diz dona Guiomar, médium vidente. – Enquanto um, em especial, parece lhe inspirar as palavras, outros lhe aplicam energias com o propósito de revitalizá-lo.

– Mesmo assim, preocupo-me – insiste dona Elza.

Carlos, então, solicita um pequeno intervalo e conversa com Agenor:

– Por favor, meu irmão, não está cansado? Há horas que está atendendo.

– Não me sinto nem um pouco cansado, seu Carlos.

– Mas deve estar com fome – diz dona Elza.

– A fome pode esperar – responde, humildemente.

– O senhor não se importaria se eu organizasse melhor esse atendimento? Ainda temos mais sete dias e poderíamos estabelecer horários, com senhas, por exemplo.

– O senhor pode organizar da maneira que desejar, seu Carlos. Apenas insisto em dizer que não me canso com o que faço. Mesmo porque, Espíritos me auxiliam e sinto-me muito bem.

– O senhor é quem sabe. De qualquer maneira, pretendo limitar o atendimento diário a apenas trinta pessoas naquela barraca ao lado, levantada para o encerramento da feira onde, todos os anos, organizamos uma palestra no domingo. E isso seria feito da seguinte forma: perguntas lhe seriam feitas por escrito e selecionadas, a fim de que estas não se repetissem. Tenho a certeza de que, assim, todas as dúvidas seriam respondidas, fazendo com que todos ouvissem e aprendessem sobre mais assuntos do que os próprios, particulares. O que me diz?

– Pode ser, seu Carlos.

Carlos pede, então, a atenção de todos e explica como será feito o atendimento de seu Agenor, a partir do dia seguinte. Improvisa senhas numeradas, com a sua assinatura para certificá-las e as entrega aos que se encontram na fila, partindo do primeiro que seria atendido, informando que seu Agenor, doravante, faria o atendimento nos dias da feira, no horário das treze às dezesseis horas. E que esperava que todos entendessem essa providência como uma maneira de poupar o homem e que encerrava, assim, o atendimento do dia. Os presentes aceitam a ideia e, um a um, se despedem do andarilho.

– O senhor não gostaria de descansar um pouco, agora? – pergunta-lhe dona Elza.

– Gostaria, sim. Até o momento, enquanto estava atendendo, não sentia nenhum tipo de cansaço, porém, agora, estou com muito sono. E estou pretendendo retornar ao albergue.

— Nós o levaremos até lá, seu Agenor. A propósito, pedi aos voluntários da sopa que reservassem um pouco dela para o senhor.

— Eu lhe agradeço muito, dona Elza.

— Então, vamos.

XIII

Os ensinamentos do andarilho

No dia seguinte, às treze horas, o recinto da feira se encontra bastante concorrido, pois, além das pessoas que possuíam senha para serem atendidas naquela tarde, muitas outras lá se encontram, atraídas pela curiosidade, tendo em vista que a notícia havia se espalhado rapidamente. Um grande número delas quer comprar um abridor de latas, mas Agenor informa não os possuir mais para venda, evitando, assim, uma imagem de mercantilismo que não gostaria que ali se instalasse. No dia anterior vendeu o que tinha porque não havia encontrado uma desculpa. Na verdade, prefere vendê-los de porta em porta e a quem não o conheça. Geralmente, faz isso ao chegar a uma cidade.

Nesse momento, Carlos chama as trinta pessoas que possuem senha e, distribuindo papéis e canetas, lhes pede para escreverem uma pergunta que resumiria o seu problema ou a dúvida de cada um. A seguir, explica, a todos os presentes, como tudo será feito. Aguarda alguns minutos, recolhe os papéis e, embaralhando-os, os examina, retirando perguntas que possuam o mesmo teor. Passa-as, então, a dona Elza que, pedindo silêncio, lê a primeira:

— *O que é preciso para se ter fé e como essa fé poderá resolver um problema?*

Seu Agenor se levanta, reflete por alguns segundos e responde:

— Bem, penso já ter falado a respeito disso ontem para uma pessoa em particular. Agora tentarei abordar essa questão para que todos tomem conhecimento, porém, antes de mais nada, devo lhes dizer que, a partir de agora, não sou eu quem fala, mas Espíritos lhes responderão, através de minha mediunidade.

Dizendo isso, cerra os olhos, faz sentida prece, em silêncio, rogando a presença e o auxílio da espiritualidade. Alguns segundos se passam e, tornando a olhar para os presentes, responde:

— Meus irmãos, a fé, a verdadeira fé não é o que todos pensam. A fé não significa a certeza de alcançarmos aquilo que desejamos, porque nem sempre o que desejamos é o melhor para nós e somente Deus, nosso pai e criador, aquele que mais nos ama, sabe o que mais precisamos. Por isso, a fé, na verdade, é a certeza de que, aconteça o que nos acontecer, é o que de melhor poderia nos ser concedido para a nossa evolução espiritual. E recebemos muito, podem crer. Agora, o importante é que saibamos que Deus nos concede graças, sempre através de ações por parte de irmãos que cruzam o nosso caminho. E, da mesma forma, espera que façamos algo por todas as criaturas que cremos necessitadas, porque, com certeza, elas também Lhe rogaram auxílio. Precisamos, sempre, ver no próximo um provável espelho de nosso passado porque, se ele necessita de nossa ajuda, com certeza, um dia, lá no passado, também devemos ter trilhado difíceis caminhos iguais aos dele e que, com certeza, devemos ter sido auxiliados por outra ou outras criaturas. Será que Deus não espera que façamos aos outros o bem que um dia também nos fizeram? Também temos de ver em nosso próximo um espelho de nosso futuro, porque, hoje, um nosso irmão pode estar precisando de nós, assim como poderemos, um dia, estar enfrentando um mesmo problema que o dele. Todos sabemos que temos de passar por várias experiências na vida para podermos aprender com elas. Também façamos uma simples experiência, sempre que a oportunidade surgir. Procuremos ver no necessitado que bate à nossa porta ou que nos estende as mãos em nosso caminho, a imagem de um ente querido. Imaginemos um de nossos filhos, por exemplo, passando por aquela dificuldade e veremos como nosso coração será tocado pela caridade, a grande chave a nos abrir as portas da felicidade. Ajamos com eles como gostaríamos que outros agissem conosco e com os nossos.

Nesse momento, Agenor retira de um dos bolsos um abridor de latas e o ergue para que todos o vejam.

– A fé é como este abridor de latas, só que ela abre corações para a felicidade. Mas assim como se tem de praticar uma ação para abrir as latas, também assim o é para se abrir o coração. E essa ação é a prática da caridade, a prática de boas obras e bons pensamentos que, pela justiça e bondade do Pai, que muito espera de nós, nos remete à felicidade.

Nesse momento, pessoas, disfarçadamente, enxugam algumas lágrimas que teimam em abandonar os olhos, porque, além das palavras de Agenor, se encontram amparadas por Espíritos que, presentes ali, as envolvem em vibrações de muito equilíbrio e paz.

Seu Agenor silencia, cerra os olhos e dona Elza, entendendo que ele já falara sobre aquele assunto, lê a próxima indagação:

– Outra pergunta: *qual seria o segredo da felicidade?*

Agenor abre os olhos e responde:

– Os Espíritos nos ensinam, evidentemente, com base nos ensinamentos do Mestre Jesus, que o segredo para a felicidade é muito simples. Dizem que a única e verdadeira felicidade somente será alcançada a partir do momento em que passarmos a desejar e a nos alegrarmos com a felicidade do próximo, porque se nos exultarmos apenas com o que nos acontece de bom, isso é muito pouco se comparado com a alegria que sentimos cada vez que virmos ou tivermos feito alguém feliz, porque a felicidade que tivermos somente com o que nos ocorre é limitada, mas a felicidade que sentirmos com a felicidade do nosso próximo é uma somatória infinita, porque é infinito o número de irmãos, filhos de Deus. E apenas para podermos exemplificar, vamos utilizar duas palavras que, apesar de nos dicionários serem sinônimas, as consideraremos um pouco diferentes, na forma, para podermos entender melhor. São as palavras felicidade e contentamento. E vamos utilizar o exemplo das crianças. Quando uma criança ganha um doce, por exemplo, fica muito contente. Mas, vejam bem, trata-se de um contentamento passageiro, pois ele se acaba assim que o doce termina. Podemos usar, também, como exemplo, um brinquedo ganho. Vemos grande contentamento na criança no momento em que o recebe e ela brinca até o momento em que se cansa, ou seja, com o tempo, não mais se interessa por ele e, evidentemente, deseja outro. O mesmo não acontece com a felicidade dessa criança, advinda, por exemplo, através do carinho, da atenção e da dedicação dos pais. Essa felicidade pode perdurar para sempre. Agora, vamos mais a fundo em nosso raciocínio. O doce ou o brinquedo é comprável; a felicidade, não. Ou seja, pode-se comprar um contentamento, mas não se pode comprar a felicidade, e o contentamento é passageiro, enquanto a felicidade pode ser perene. A vida não é contra o fato de o homem comprar contentamentos, mas, sim, contra o seu exagero, equivocado que se encontra, confundindo felicidade com contentamento. E, muitas vezes, o Espírito passa toda uma encarnação comprando contentamentos e sempre buscando mais, a tal ponto que nem tem tempo para ser feliz. Isso quando não os usa para tornar contente a sua família, sem nem desconfiar que o que ela realmente necessita é de felicidade. Sem falar daqueles outros que nem podem comprá-los e, sem saber que é a felicidade que têm de conquistar, sofrem e fazem os seus sofrerem. Então, meus irmãos, o segredo da felicidade, aquele, realmente, a nós revelado por Jesus, somente poderá advir com o amor ao próximo, sentindo alegria com a alegria do irmão. Resumindo, felicidade é servir.

– Agora – toma a palavra dona Elza –, pelo teor da pergunta e da resposta anterior, vou ler esta que, penso, deva ter ligação com essa última. A pergunta é a seguinte: *o dinheiro é um mal?*

Agenor, inspirado pelos Espíritos, responde de pronto:

– O dinheiro não é um mal. Nós é que fazemos mau uso dele, utilizando-o para adquirirmos o supérfluo, que nada tem a ver com o que realmente necessitamos. Muitas criaturas vêm o dinheiro como algo que deva ser cultuado e o coloca num verdadeiro pedestal, utilizando-o como forma de se sobressair, de querer ser um objeto de admiração das outras pessoas. E isso é muito ruim porque é extremamente contrário às lições de Jesus quanto à felicidade. Porque quem deseja ser admirado, anseia que o seu próximo seja inferior a ele e isso contraria o ensinamento do amor ao semelhante. Não que não se deva trabalhar, poupar, manter-se apresentável, mas nunca ao exagero. Pode-se usar o dinheiro no intuito de se ter um pouco mais de conforto, de oferecer estudo para os filhos, possuir uma condução, enfim, mas nunca no propósito de causarmos inveja aos outros. E temos de doar um pouco do que temos para os que pouco possuem. Devemos nos lembrar sempre que ajudar o próximo somente nos torna ricos espiritualmente. Não ajudar poderá, simplesmente, nos tornar ricos materialmente. Mas, qual a maior riqueza? A da matéria ou a do Espírito? E, se quisermos ser realmente felizes, devemos fazer todo o possível para nos desapegarmos de tudo o que nos torna dependentes. Podemos possuir mas, não podemos ser possuídos pelo que temos. Na verdade, não dependemos de quase nada para sermos felizes e, evidentemente, quanto menos dependermos da matéria ou das sensações inferiores, mais felizes seremos. Resumindo: o dinheiro não é um mal, assim como um veículo não passa de um meio que pode ser utilizado para deslocar pessoas para o trabalho ou ser uma arma nas mãos de um condutor mal intencionado. E o dinheiro pode se transformar, se bem empregado, numa grande ferramenta de auxílio porque poderá trazer um pouco de paz a corações angustiados pela sua falta. Imaginem uma mãe com seu filho doente e sem recursos para comprar-lhe o remédio necessário, um pai de família desempregado que vê os seus passarem pelo sofrimento da fome, enfim, o dinheiro pode não trazer a verdadeira felicidade, mas a sua falta pode trazer muito sofrimento. E esse sofrimento não pode ser amenizado por aqueles que possuem além do necessário? O Espírito encarnado deve tomar muito cuidado com a responsabilidade que detém em face da moeda que lhe sobra e que lhe é perfeitamente dispensável.

– Agora, uma pergunta ecológica: *o que o senhor pensa a respeito da poluição que assola o planeta?*

– Quanto à solução da poluição do planeta, devemos todos seguir as orientações dos técnicos e cientistas quanto ao bom uso do progresso e, principalmente, do destino dos detritos, dos descartáveis, etc. Mas o mais importante para que possamos ter a consciência de solucionarmos e colaborarmos com a despoluição do planeta é nos preocuparmos, o quanto antes, com a despoluição do nosso Espírito, da nossa alma ou da nossa mente, como queiram classificá-las. Necessitamos de muito cuidado com esse descaso para conosco mesmos a fim de podermos preservar a nossa mente. Precisamos fazer uma limpeza em nosso íntimo para evitar que sejamos contaminados com a sujeira e a poluição da ambição, do ódio, da vaidade, da inveja, do egoísmo, do julgamento impróprio dos semelhantes, das ilusões, dos desejos de riqueza, fama. E, também, policiarmos as emanações poluidoras de nossa fala através de palavras de ódio, de negatividade, de intrigas e de intolerância. E lembrar-mo-nos sempre de que, assim como a natureza, a vida nos devolve a poluição que despejamos sobre os nossos semelhantes. Bons pensamentos nos trarão felicidade e saúde. Maus pensamentos nos trarão vida miserável.

Nesse momento, dona Elza não consegue mais fazer a pergunta seguinte pois alguém faz outra em voz alta, continuando com o assunto:

– *E o medo, seu Agenor? Também é uma forma de poluição?*

– O medo, meu irmão – esclarece –, é um sentimento de preocupação com o que pode ou não vir a acontecer conosco. Ele pode ser benéfico se o utilizarmos apenas como precaução. Um exemplo de bom medo é aquele que nos impede de entrar numa jaula com um tigre, pois, com certeza, seremos devorados. Mas muitas vezes em nossa vida, podemos muito bem resolver um problema em vez de sofrermos com antecedência. Para que ter medo? Tudo pode ser resolvido, pois a vida continua e é eterna. Mas, para isso, não podemos nos prender às coisas terrenas, para que não venhamos a sentir medo. Na maioria das vezes, a solução para nossos problemas é bastante simples e nós os complicamos, a tal ponto, que acabamos por não resolvê-los. E, como já disse, sofremos por antecedência, por causa do medo de vir a ter esses problemas. Simplifiquemos as coisas. Por exemplo, se estivermos famintos, por que não comermos um simples sanduíche em vez de ficarmos esperando que um prato de iguarias nos seja ofertado? Se nos encontramos desempregados, por que não aceitarmos um trabalho, por pouco que com ele venhamos a ganhar e, pelo mesmo motivo, não procuremos diminuir os nossos gastos supérfluos, diminuindo os nossos desapegos, como, por exemplo, trocarmos nosso automóvel do ano por um mais velho e mais barato? Por que não podemos utilizar uma bicicleta, se isso nos trouxer uma solução? Em vez disso, muitas vezes, bate-se de porta em porta, procurando por um emprego igual ou melhor do aquele que se possuía. Existem criaturas ricas ou de classe média, felizes, mas existem pobres, felizes também e, muitas vezes, mais que muitos ricos e de classe média, porque a felicidade não depende do que se tem, mas do que se é. E devemos incutir essa ideia, esse posicionamento perante a vida, em nossa família, na esposa, nos filhos, nos amigos e em todos os que cruzarem nosso caminho.

Nesse instante, outra pergunta de um dos presentes é feita, pois na verdade, um assunto desencadeia outro e dona Elza não consegue seguir as regras anteriormente acordadas. Agenor não se importa e nem mesmo os presentes, que parecem estar gostando da forma como tudo está correndo.

– *E devemos levar a nossa vida sem nos preocuparmos com nada?*

– Devemos nos preocupar, sim, meu irmão. Devemos nos preocupar em fazer o bem, porque os Espíritos nos ensinam que não seremos julgados apenas pelo mal que tivermos ou não cometido, mas também pelo bem que tivermos deixado de fazer e, principalmente, por todas as consequências oriundas desse bem que não fizemos, tendo a oportunidade para tanto. E sigamos com os exemplos das crianças.

Dizendo isso, Agenor abre uma página de *O Evangelho Segundo o Espiritismo* e continua:

Jesus disse: *Deixai vir a mim as criancinhas, e não as impeçais; porque o reino dos céus é para aqueles que se lhes assemelham.* Prestem bastante atenção nestas palavras: *que se lhes assemelham.* O que significa isso? O que Jesus quis nos dizer? Disse-nos Ele que devemos ter o desprendimento e a simplicidade da criança, que não julga os semelhantes e que reparte o brinquedo com outra. A criança não se prende muito ao que acaba de lhe acontecer; ela a tudo e a todos perdoa. Pode chorar ao ser contrariada, mas, logo, logo está sorrindo e não se lembra mais do que ou de quem a contrariou. Vivamos mais no presente, porque esquecendo o passado, não teremos o que perdoar, aliás, Deus já nos deu o exemplo de que o passado não deve ser lembrado, haja vista, o esquecimento de nossas encarnações. Enfim, nos espelhemos na simplicidade da criança que não se importa com as aparências e, sim, com a realidade dos acontecimentos, sabendo como viver em harmonia com as outras, no desprendimento de repartir e na humildade de receber o que lhe é ofertado.

– Realmente, *o mal atrai o mal,* como se diz? – pergunta uma outra senhora, aproveitando um hiato na fala do andarilho.

– O que acontece, minha senhora, é que a encarnação é como uma escola, digamos assim, como uma professora. Se não encararmos os nossos problemas, as nossas provações, com fé e esperança, entendendo e procurando resolver tudo da melhor maneira possível e nos limitarmos a ficar nos lamentando, essa professora irá entender que não aprendemos o que deveríamos aprender e nos oferecerá outros exercícios para que possamos nos exercitar mais. É por isso que dissabores podem atrair dissabores quando simplesmente cruzamos os braços e nada fazemos. A vida quer que aprendamos e, diante de nossas lamentações, nos passa mais lições de casa.

– E, então, Carlos, está gostando?

– Muito, Elza. Esse Agenor fala com tanta facilidade e nos traz exemplos tão simples sobre a vida, que estou impressionado. Como pode um andarilho falar sobre tudo isso?

– Não sabemos quase nada a respeito dele, mas deve ter estudado e lido muitos livros antes de entrar para essa vida de caminhante sem destino certo.

Nesse momento, uma senhora, médium vidente, ao ouvir a conversa de Elza com Carlos, se pronuncia:

– Esse homem é um grande conhecedor da Doutrina, realmente, e também, um médium.

– O que você vê, Leontina?

– Ele está cercado por vários Espíritos iluminados que o auxiliam, principalmente por um deles, em especial.

– E como é ele?

– Trata-se de um negro de cabelos brancos, bigode e cavanhaque e, pelos trajes e pelo que sua aparência reflete, tenho certeza que tenha sido um escravo em outra encarnação.

– Um preto velho, Leontina?

– Isso mesmo: um preto velho de muita luz.

Nesse momento, uma outra pessoa lhe pergunta:

– *Fale-nos de um vício,* seu Agenor.

– Bem, todos já sabem que o pior deles é o egoísmo, porque o egoísmo nos impede de fazermos o bem ao próximo, mas existe um outro, fruto do egoísmo, e que nos traz muitos malefícios, que é a inveja. E como combatê-la? É muito simples. Basta que procuremos ser felizes com o que temos e com o que somos. Podemos melhorar a nossa vida e o nosso eu, Espírito, mas nunca invejar o que o nosso próximo possui ou o que ele é, porque corremos o risco de adquirirmos esse vício e nunca conseguirmos ser felizes por mais que tenhamos ou sejamos. E, como já disse anteriormente, não devemos nunca provocar a inveja no semelhante, porque é um mal tão grande para aquele que a possui quanto para aquele que a provoca. E este último possui um grande débito perante a vida, porque ai daquele que venha a causar um mal ao próximo. Por esse motivo, é que devemos ser simples e humildes, sem ostentação.

– Seu Agenor, comecei há pouco tempo a estudar

a Doutrina e ainda sou bastante leigo em alguns assuntos. Por esse motivo, perdoe-me se lhe faço uma pergunta, talvez, imprópria.

— Pergunte, meu irmão.

— *Devemos nos afastar das pessoas que sofrem porque erraram no passado?*

— Não, porque não devemos julgar as pessoas pelos problemas que venham a apresentar, tais como a pobreza, os defeitos físicos ou morais, achando que se ela é assim é porque alguma coisa de ruim deve ter feito no passado, em vidas pregressas e que foi Deus quem as colocou nessa situação. Realmente, a vida a colocou nessa situação, principalmente pelo que fez no passado, mas Deus permite que isso ocorra com ela por dois motivos: o primeiro é para que ela aprenda com essas provas e experiências, e o segundo, é para que as pessoas que cruzarem o seu caminho também possam aprender, auxiliando-a. Se temos débitos, e não há ninguém neste planeta que não os tenha, e queremos aprender a ser bons, aproveitando a oportunidade de uma nova encarnação, teremos de nos aproximar dos infelizes.

— Seu Agenor, não sou espírita. Apenas ia passando por aqui e comecei a assistir e estou gostando. E gostaria de lhe fazer uma pergunta. Na verdade, três, certamente, relacionadas umas com as outras. Posso fazê-las?

— Pode e deve, senhor.

— *E as religiões? O que dizer daqueles que as representam? E, por último, somente os espíritas estão certos?*

– Muito boa sua pergunta. Em primeiro lugar, devo lhe dizer que Jesus não criou e nem fundou nenhuma das religiões que hoje o homem segue. As religiões são a maneira que o homem criou para explicar a vida e, principalmente, como devemos encará-la e qual o seu destino após a morte. O Espiritismo tem a sua maneira de encarar tudo isso e acreditamos em tudo de bom que os Espíritos Superiores nos ensinaram e continuam nos ensinando através de suas comunicações, aliás, uma das certezas do espírita, que é da possibilidade de comunicação entre os dois lados da vida, ou seja, este mais material com o espiritual. Também acreditamos nas leis de causa e efeito e na reencarnação como um meio de se fazer justiça e, principalmente, de se propiciar um aprendizado aos Espíritos. Quanto a representantes de Deus na Terra, acredito que não devemos nos considerar assim, porque quem somos nós, neste planeta inferior, de provas e expiações? Não devemos nos colocar como representantes de Deus para julgar ou condenar ninguém, porque o próprio Deus, de quem, muitas vezes, o homem se coloca como representante, perdoa sempre e dá novas oportunidades aos pecadores. Na verdade, Deus quer que o representemos apenas para auxiliar esses seus filhos que se desviaram do caminho correto. E, muitas vezes, somente somos capazes de esquecer uma mágoa a nós imposta por um semelhante, quando, na verdade, deveríamos também, além de olvidar essa mágoa, perdoá-lo como um irmão que é e, principalmente, auxiliá-lo para que não erre mais. E, todos nós, religiosos que somos, não deveríamos ficar criticando uns aos outros. Deveríamos, sim, juntar as nossas forças, para cumprir os ensinamentos de Jesus, ou seja, realizando boas obras em benefício do próximo. Quanto ao Espiritismo, devo lhe dizer que não podemos achar que esta nossa Doutrina já encerra todas as verdades porque temos muito que aprender ainda, já que nos encontramos num planeta bem inferior. Penso que o Espiritismo não venha a ser a religião do futuro, mas o futuro da religião.

– Também não sou espírita – diz uma senhora-, mas gostaria de lhe perguntar: *onde encontrar Jesus? Nos templos? Nas casas espíritas?*

– Vou lhe contar uma história verídica, contada por um negro escravo, mais precisamente, um preto velho.

– Deve ter sido contada por aquele Espírito que vejo ao lado de seu Agenor, dona Elza – diz Leontina.

– Contou-nos esse Espírito que, quando escravo, trabalhou na construção de uma capela na fazenda e que o patrão, vez ou outra, trazia um padre para rezar uma missa e que eles assistiam do lado de fora. Passado algum tempo, foi trazido um outro padre, moço ainda, que havia assumido a paróquia de uma cidade próxima e que era a primeira vez que ali vinha para rezar. Porém, naquele momento, próximo ao horário da missa, dois feitores estavam castigando um escravo no tronco. Quando viram que o padre estava chegando, rapidamente desamarraram o escravo e, devido à pressa, o deixaram estendido ali no chão, e o padre acabou vendo o pobre coitado. Esse padre entrou na capela, onde todos estavam reunidos, mas quando foi começar a missa, convidou a todos para que fossem com ele até o lado de fora da igreja e os levou até o tronco, dizendo que iria rezar a missa onde estava Jesus, porque o Cristo estava sempre onde havia sofrimento, e pediu aos presentes que olhassem bem a posição em que o negro se encontrava. Todos voltaram o olhar para o escravo estendido ao solo e o padre, então, lhes perguntou se não lhes parecia estar o pobre homem deitado sobre o colo de Jesus. E completou que, para alguns, encontrar Jesus era difícil, mas que, para outros, era muito fácil. E que para encontrá-lo, bastaria que procurássemos os necessitados e ali O encontraríamos, na verdade, nos esperando para auxiliá-Lo no socorro a esses infelizes. E repito: nada do que Jesus nos ensinou é impossível e difícil de seguir, tanto que todos os seus ensinamentos possuem o único objetivo de nos encaminhar à verdadeira felicidade.

– Seu Agenor, o senhor é feliz na solidão em que vive?

O homem pensa por alguns instantes e responde:

– Apesar das aparências, não sou totalmente um andarilho solitário, porque tenho encontrado e feito muitos amigos. Realmente, não é como ter uma família. Gostaria de ter uma, mas a vida me levou a trilhar este caminho. Agora, uma coisa proponho a todos vocês, como um exercício muito salutar. Procurem, por alguns momentos, caminhar ou permanecer um pouco sozinhos consigo mesmos, a fim de repensar seus atos, a vida como a levam, como estão agindo e se estão felizes ou apenas sufocando uma felicidade, a troco de quimeras que a vida possa lhes proporcionar. A reflexão e a análise simples e sincera é muito importante para a vida de todos nós.

E, assim, Agenor continua a responder mais perguntas até voltar para o albergue, a fim de descansar.

XIV

Conversa com Ailton

São nove horas da manhã, quando Agenor caminha pelas ruas da cidade. Pretendia chegar à feira já pela manhã, no intuito de ver se necessitavam de alguma ajuda, apesar de ainda não ser o seu horário. Na verdade, também gostaria de estar lá para poder ler um pouco, aproveitando a generosidade dos organizadores que permitiam que ele assim o fizesse.

E quando passava em frente a uma casa de bela aparência, que denotava ser habitada por pessoas de posse, ouve uma voz:

– Senhor! Senhor!

Alguém o chamava e Agenor percebe que o chamado vem do lado de dentro daquela residência. Olha através das grades e vê que um homem, um moço ainda, de cerca de trinta e poucos anos era quem o solicitava e caminhava em sua direção.

– Pois não – responde.

– Seu Agenor, não é?

– Sim. O senhor me conhece?

– Conheço e gostaria de lhe fazer um convite.

– Um convite?

– Isso mesmo. Gostaria muito que tomasse o café da manhã comigo.

– Quer que eu tome o café da manhã com o senhor?

– Foi o que disse – responde o homem, abrindo um portão e estendendo a mão para cumprimentá-lo.

Agenor oferece a sua, surpreso.

– E, então? Aceita o meu convite?

– Bem... não sei...

– Por favor.

– Nesta sua casa?

– E por que não? Venha! Entre!

Agenor acompanha o homem, entrando por uma porta de madeira maciça e com lindos entalhes e segue-o através de extensa sala de estar até outra porta, maior que a primeira, de vidro, que os leva até uma varanda muito bonita, terminando com um gramado e uma piscina de água muito azul e limpa. Nessa varanda, o homem lhe indica uma cadeira e senta-se em outra à sua frente. Entre eles, uma mesa redonda, onde uma empregada começa a colocar café, leite, bolo, pães e diversos tipos de bolacha.

– Meu nome é Ailton. Mas, por favor, sirva-se.

– Gostaria que o senhor se servisse primeiro.

– Tudo bem, mas fique à vontade e coma o que lhe aprouver.

– Gostaria de um café e um pão com essa mantei-ga – responde Agenor, servindo-se, um pouco acanhado e inicia uma conversação – : O senhor me chamou pelo nome e diz me conhecer.

– Não vou lhe dizer que o conheço, mas sei seu nome e o ouvi falar ontem à tarde naquela barraca, lá na praça.

– O senhor é espírita?

– Gostaria que me chamasse pelo nome e gostaria que me permitisse chamá-lo pelo seu, sem o "senhor" que nos distancia.

– Por mim, tudo bem, Ailton.

– Não sou espírita, Agenor, mas gostei de ouvi-lo falar. Na verdade, comecei um período de férias ontem e, hoje mesmo, devo seguir até o litoral onde minha es-posa me aguarda com meu filho de cinco anos. E ontem passei por aquela barraca e, como não tinha o que fazer, fiquei a ouvi-lo. Já faz tempo que não tiro uns dias de férias e desde cedo caminhava pela cidade. Na verdade, tenho esta casa apenas para passar algum fim de sema-na longe da poluição da capital, onde trabalho. Sou mui-to rico, Agenor. Herdei os negócios de meu pai e, pra-ticamente, tripliquei os lucros. Possuo uma operadora de empréstimos e aplicações. Para que entenda melhor, arrecado dinheiro de aplicadores e o aplico, através de empréstimos. Ganho muito dinheiro. E ouvindo-o falar, fiquei com muita vontade de conversar com você e, por coincidência, agora de manhã, vejo-o passar defronte de minha casa. Aí não resisti e estamos aqui.

– E sobre o que gostaria de conversar?

– Sabe, Agenor, achei muito bonito tudo o que disse e tenho absoluta certeza de que você é exatamente como fala e aconselha as pessoas a serem, mas gostaria de lhe dizer uma coisa e, por favor, não se ofenda.

– Pode dizer, Ailton.

– Eu acho que você prega tudo aquilo e segue tudo o que prega, porque é um andarilho, um homem que nada possui e sem responsabilidades como, por exemplo, as que possuo. Por favor, não o convidei a tomar um café comigo para ofendê-lo. Longe de mim, mas foi exatamente isso que pensei quando o ouvi e, agora, torno a dizer, por esta feliz coincidência de você estar passando defronte da minha casa, resolvi lhe falar o que penso. Você me entende?

– Entendo perfeitamente como pensa, mas devo lhe dizer que se você seguir tudo o que eu disse, tenho certeza absoluta, virá a ser mais feliz do que já é.

– A minha dúvida, Agenor, é que você prega a simplicidade, a humildade, o desprendimento das coisas materiais, etc., etc., mas pelo que imagino, se todas as pessoas fossem seguir os seus conselhos, ninguém mais trabalharia, ninguém mais produziria e todos ficariam vagando como você pelo mundo. E somente posso imaginar pessoas morrendo de fome, se não houver homens que produzam, que façam o progresso acontecer. Se todos fossem como você, seria o caos do planeta. Mais uma vez, não estou querendo ofendê-lo com a minha maneira de ver. De qualquer forma, gostaria de lhe dar a palavra para que me explicasse tudo isso e que ficasse à vontade para refutar tudo o que lhe disse.

Agenor sorri calmamente e inicia a explicação solicitada.

– Ailton, você simplesmente confundiu as minhas palavras. Em nenhum momento, eu disse que as pessoas deveriam ser como eu, levar a vida que levo, pois somente sou como sou por força das circunstâncias. O que eu falo e aconselho é que as pessoas trabalhem pelo progresso, que progridam, mas que não se apeguem em demasia às coisas materiais, porque isso somente as fará sofrer.

– Mas como, Agenor? Veja o meu caso. Para que meus negócios tenham sucesso, necessito apresentar-me bem, com roupas caras, tenho de chegar a encontros com clientes com um carro de luxo, tenho de levá-los para almoçar nos melhores restaurantes porque tudo isso faz parte de uma estratégia de mercado que atrai a confiança do cliente. Imagine você, se eu fosse fazer um negócio vestido com roupas simples, com um automóvel velho e caindo aos pedaços e convidasse os meus clientes para comer um sanduíche de mortadela. Com certeza, não depositariam confiança em mim. As pessoas preferem fazer negócios com pessoas bem sucedidas financeiramente.

Agenor sorri diante das justificativas do homem.

– Você tem toda a razão, Ailton. Isso faz parte de seu trabalho, assim como um médico tem de se vestir de branco, um bombeiro com sua farda e os jogadores de futebol com seus uniformes. Não falei nada contra isso. Somente digo e repito, que a criatura humana pode possuir o que quiser, desde que não se escravize ao que possui. E não falo somente dos que possuem muita riqueza. Existem pessoas que se escravizam em outras pessoas ou escravizam outras pessoas através do sentimento de posse, sem entender que ninguém é de ninguém.

— Gostaria que me explicasse melhor.

— Não condeno ninguém por querer ter mais conforto, uma bela casa, um belo carro novo; somente aconselho a não se escravizarem em tudo isso, porque, senão, perderá muito tempo de sua vida atrás de metais, plásticos, tecidos, vidros e outras tantas coisas. E pergunto: para que deveriam existir todas essas coisas? Apenas para servir ao homem e não para escravizá-lo.

Agenor faz pequena pausa e pergunta:

— Você acredita em Deus, Ailton?

— Não sou muito ligado em religião alguma e, com toda a sinceridade, penso que ainda não cheguei na idade de me preocupar com isso, e nem gosto de pensar nisso tudo, porque quando pensamos em Deus, inevitavelmente, nos vem à mente a ideia da morte.

— Pois deveria vir à mente a ideia da vida, porque Deus é vida e a morte não existe. Somente o corpo fenece ou você acha que tudo termina com a morte?

— Penso que não, mas não quero me preocupar agora com isso. Penso que são assuntos com os quais os velhos devam se preocupar.

– Você acha que somente os velhos abandonam o corpo físico?

– Não. Moços também morrem, mas a probabilidade é menor. E quero viver até os cem anos, se for possível.

– E se isso não acontecer? E, além do mais, cem anos passam depressa, se o comparamos com a eternidade da vida.

– O que você quer dizer com isso?

– Como você administraria a ideia de ter de largar tudo o que possui e passar para o lado de lá da vida com as mãos vazias?

– Não quero nem pensar e não penso.

– Ailton, tenho certeza de que isso não irá lhe acontecer; você é um moço forte e dá para notar, cheio de saúde. Mas, e se isso ocorresse? Não iria sofrer muito abandonando os seus bens materiais aqui no plano da matéria?

– Iria sim, Agenor. Disso tenho certeza.

– É sobre isso que falo. Procuro alertar as pessoas para isso. Para que não se prendam, não se escravizem.

– Mas como conseguir isso, Agenor? Não possuindo nada?

– Não, Ailton. Não possuir não traria nenhuma lição, porque a maior lição, o maior mérito é ter e conseguir ser humilde, bom, generoso, compreensivo, sem opulência, sem o desejo de causar inveja aos outros.

O homem fica pensativo por alguns instantes até tomar a palavra novamente.

– É, Agenor. De alguma forma, você não deixa de ter razão.

– Sabe, meu amigo, vou resumir para você: não há mal algum em possuir coisas, não há mal algum em ter, mas é preciso, antes de tudo, ser, para se conquistar a felicidade. E ser é um verbo de duplo sentido, porque ele pode estar sempre apontando para qualquer das condições antagônicas da natureza, seja ela material, fenomênica ou humana. Aquilo pode ser claro ou escuro, um momento do tempo pode ser dia ou noite, pode ser frio ou quente e a criatura humana pode ser boa ou má e, consequentemente, feliz ou infeliz. E o que prego às pessoas é que, seguindo os ensinamentos de Jesus, poderão ser boas e felizes, independentemente dos bens que possuem ou não, desde que façam bom proveito dos bens materiais no sentido de empregá-los também, da melhor forma possível, para a felicidade do próximo e não somente da própria. E nisso residem dois exercícios: o do desprendimento e o do amor ao semelhante.

Ailton olha de soslaio para Agenor com a fisionomia grave de quem tudo entendeu e começa a se preocupar.

– Veja você mesmo, Ailton. Diz que já faz muito tempo que não tem férias. O trabalho é enobrecedor, mas nem a ele temos de nos escravizar no afã de ganhar cada vez mais, porque o tempo é implacável e, quando menos esperamos, somos chamados de volta, e o que aprendemos de proveitoso nesta nossa passagem por aqui? Quanto amor distribuímos? Você falou que, se todas as pessoas seguissem o meu modo de vida, sem nada fazer, que o mundo se tornaria um caos. E você tem toda a razão nisso. Toda a razão, mesmo. Profunda razão. Mas o mundo não seria também um caos se não permitíssemos que outros também tivessem a oportunidade do trabalho por causa do nosso egoísmo, em querermos conquistar a maior quantidade de trabalho para podermos ganhar e possuir cada vez mais? Por que desejar tudo se poderemos ser mais felizes com um pouco menos? Porque, se não tivermos tempo para sermos felizes... E de que adianta termos tanto, se estivermos cercados de infelizes, porque pouco conseguem na vida, às vezes nem comida, nem remédios para seus filhos? Já vi muito, Ailton. E ninguém possui mais, simplesmente porque Deus o escolheu para ser mais feliz que os outros, senão Deus seria injusto, pelo mesmo motivo que ninguém tem tão pouco para ser mais infeliz. É por isso que lhe disse que o mais importante não é o ter, mas o ser. O que Deus deseja é que aprendamos a lidar com os dois lados da moeda e é por isso que as encarnações sucessivas são a única maneira de se entender a justiça e a bondade do Pai.

Ailton permanece alguns instantes pensativo.

– Gostei muito da conversa com você, Agenor – afirma Ailton, mais consciente agora das explicações recebidas. – E vou procurar conhecer um pouco mais sobre essa doutrina dos Espíritos. Hoje, mesmo, antes de viajar, passarei pela Feira do Livro e pedirei a alguém que me indique alguma obra. Se você estiver lá, gostaria que me indicasse.

– Com todo o prazer.

– E me perdoe, Agenor, pela maneira como lhe expus o que pensava. Na verdade, penso que queria, mesmo, provocá-lo um pouco para que me convencesse de algo que não sabia bem o que era.

– Sei disso.

– De qualquer forma, gostei muito da sua presença. Fazia tempo que não me sentia tão bem. Acho que essa história de energia positiva deve ser real, porque penso ter sido envolvido pela sua.

***

Mais tarde...

– Que bom que o encontrei aqui, Agenor – diz Ailton, chegando à Feira, por volta do meio-dia. – Assim, poderá me indicar alguns livros.

– Que bom!

– E quais você me indica?

– Bem, temos livros de estudo e romances que ensinam muito, também. Para começar, gostaria que lesse aquele que considero o mais importante, que é o *O Evangelho Segundo o Espiritismo*. Depois, se quiser conhecer mais a fundo, lhe indicaria as outras obras de Allan Kardec e os romances do Espírito André Luiz, psicografados por Chico Xavier, que vêm complementar as primeiras.

– Diga-me uma coisa, Agenor: o Espiritismo é muito antigo?

Nesse momento, algumas pessoas, presentes no local, aproximam-se mais dos dois, para ouvir as explicações do andarilho.

– Na verdade, Ailton, a essência do Espiritismo se perde no tempo. Para você ter uma ideia, e poderá ler a respeito nas primeiras páginas desse livro que lhe indiquei, Sócrates, filósofo grego, há mais de quatrocentos anos antes de Cristo, seguido por seu discípulo Platão, já pressentiam a ideia cristã e os princípios do Espiritismo.

– Sócrates e Platão?

– Sim. Vários de seus ensinamentos já vinham ao encontro das verdades do Espiritismo. Seus enunciados já diziam que o homem é uma alma encarnada e que se prejudica quando muito se liga às coisas materiais e que, à medida que delas se desliga, se dirige para o que é mais puro, voltando-se para a sua própria essência; que a alma, quando se encontra livre de seu corpo, carrega os traços de seu caráter, de suas afeições e as marcas de sua vida e que a maior infelicidade para o homem é ir para o outro mundo com a alma carregada de crimes. Falavam sobre a injustiça, dizendo que é melhor receber uma injustiça do que aplicá-la, que nunca devemos retribuir um erro com outro erro, nem fazer mal a ninguém, seja por qualquer pretexto. Comparavam as boas ações com as oferendas ou com as belas orações, dizendo que aos olhos de Deus mais valem as primeiras. E que, liberta do corpo, a alma, depois de julgada, seria novamente conduzida a esta vida material como aprendizado.

– E quanto a Allan Kardec?

– Você quer saber um pouco sobre ele?

– Se você tiver tempo, gostaria que me falasse a seu respeito.

– Na verdade, os fenômenos mediúnicos ou a influência do mundo espiritual em nosso planeta existem desde a mais remota antiguidade e já eram notados pelos mais antigos religiosos, porém, no século dezenove, foi que esses fenômenos começaram a ser mais constatados pelo povo. Ruídos, pancadas e batidas inexplicáveis, movimentação de objetos, em pouco tempo foram considerados fruto de alguma força desconhecida, mas inteligente. E, no período de 1.853 a 1.855, esses fenômenos acabaram se tornando um tipo de passatempo em reuniões de salão, quando passaram a usar o que chamavam de "mesas girantes".

– Mesas girantes?

– Sim. A "mesa girante" era uma pequena mesa com tampo redondo, com uma coluna ao centro e que se apoiava no chão por meio de três pés.

– E para que servia?

– As pessoas sentavam-se ao redor dessa pequena mesa, colocando as mãos espalmadas sobre ela. A mesa adquiria, então, o que se costuma chamar de uma vida factícia, movimentando-se em todos os sentidos e, muitas vezes até, elevando-se no ar como se estivesse flutuando. E as pessoas descobriram que, se fizessem perguntas a essa mesa, ela lhes respondia através de pancadas com o pé.

– E respondia como?

– Ela batia o pé a pequenos intervalos e as pessoas correspondiam o número de batidas com uma letra do alfabeto. Por exemplo: uma batida representava a letra "A", dez batidas, a letra "J" e, dessa maneira, juntando-se as letras, formavam palavras e frases. Enfim, conversavam com a mesa. Faziam-lhe perguntas e esta lhes respondia. É evidente que as perguntas eram de grande frivolidade e, por consequência, as respostas também o eram. Na verdade, viam o fenômeno como uma brincadeira. Foi, então, que surgiu um renomado e respeitado professor, autor de vários livros pedagógicos e dedicado pesquisador, de nome Hippolyte Léon Denizard Rivail, que depois adotou o pseudônimo de Allan Kardec, porque um Espírito, de nome Zéfiro, revelou-lhe que esse fora o seu nome, em outra reencarnação, na Gália, quando ele vivera como um sacerdote druida.

– Interessante.

– E Allan Kardec, ao assistir, a convite, uma dessas reuniões, resolveu levar a efeito séria pesquisa, pois percebera que uma inteligência desconhecida movimentava a mesa. Só que não mais se perguntava frivolidades à força inteligente que movia a mesa, mas sim questões de grande seriedade, efetuadas com profundo cunho científico e, agora, as respostas eram também sérias e reveladoras, mesmo porque os Espíritos que respondiam a Kardec eram, agora, Espíritos Superiores e não Espíritos que se prestavam a brincadeiras de salão. Allan Kardec trabalhava com muita organização, fazendo perguntas que, ao serem respondidas, eram anotadas. Foi então que, de posse dessas perguntas e respostas, compilou-as num livro que lançou em 1.857, denominado *O Livro dos Espíritos*. O mais importante disso tudo é que o Espiritismo não é uma doutrina criada pelo homem e, sim, revelada pelos Espíritos. E, pelo mesmo método e com o auxílio, também, de médiuns, editou outras obras importantíssimas, como *O Livro dos Médiuns, O Evangelho Segundo o Espiritismo, O Céu e o Inferno* e *A Gênese.* Fundou uma revista denominada *Revista Espírita, Jornal de Estudos Psicológicos* e um pequeno livro intitulado *O que é o Espiritismo.* Allan Kardec devotou-se tanto à divulgação do Espiritismo, termo este de sua autoria que, após a sua desencarnação, foi possível lançar o livro *Obras Póstumas* com todo o material que tinha deixado para publicação.

— Pretendo levar toda a coleção de Kardec e os romances que me falou... de um Espírito...

— André Luiz.

— Psicografados por Chico Xavier, não?

— Isso mesmo.

A seguir, solicita a um dos atendentes da feira que providencie os livros para Ailton e, este, assim que os apanha, faz mais uma pergunta:

— Agenor, para um andarilho, você me parece inteligente demais. Você teve estudos?

— Tive, sim, Ailton, mas esse é um assunto, se me permite, para uma outra ocasião.

— Compreendo. Bem, agora devo ir-me. E muito obrigado por tudo, meu amigo. Creio que este dia de hoje deve ter sido muito importante para mim. Muito obrigado, mesmo.

— Eu é que lhe agradeço por sua hospitalidade, hoje de manhã, e lhe desejo uma boa viagem e que Deus o abençoe, à sua esposa e ao seu filho. Vá em paz.

— Até um dia.

XV

ELUCIDATIVO ENCONTRO DE NELSON COM HAROLDO

– Boa noite, Haroldo.

– Boa noite, Nelson. Por favor, queira entrar – convida o antigo amigo. – Sente-se e fique à vontade. Ester, temos visita.

– Não precisa incomodar sua esposa, Haroldo. Só necessito conversar um pouco com você.

– Boa noite, dr. Nelson – cumprimenta a esposa de Haroldo, chegando à sala.

– Boa noite, Ester e, por favor, não precisa me tratar por doutor.

– Boa noite, então, Nelson. Tudo bem com você? – pergunta-lhe. Na verdade, Ester nunca imaginaria encontrar-se novamente com aquele homem que, por muitos anos, foi muito amigo de seu marido e que chegaram a ir ao casamento dele com Carmem, com quem manteve estreito laço de amizade. Depois, seu marido se afastou de Nelson, simplesmente alegando que não mais estavam se dando bem, sem nunca ter-lhe revelado o motivo. Quando Carmem veio a falecer, há quatro anos, ficou sabendo através de uma amiga em comum. Sabia que, agora, Nelson vinha procurando por Haroldo, interessado que se encontrava pela Doutrina Espírita. E até ficou feliz com a reaproximação dos dois.

– Tudo bem, Ester. Dentro do possível para um homem que viveu toda a sua vida correndo atrás de negócios e de lucros. Hoje quase nada faço. Tenho deixado toda a carga de trabalho para meus dois filhos homens, Roberto e Narciso. Mara apenas estuda. Cursa Medicina.

– Fico muito feliz, Nelson. Haroldo já me havia contado sobre seus filhos. Bem, agora, vou deixá-los a sós para conversarem. Quando quiser, Haroldo, trago-lhes um café.

– Não precisa se incomodar, Ester. Minha conversa não vai demorar muito tempo.

– De qualquer maneira, estou na cozinha. Basta me pedir.

Ester se retira e Haroldo toma a iniciativa da conversa:

– E, então, Nelson? Tem estudado bastante?

– Tenho lido muito. Principalmente os manuscritos, e confesso que esses escritos têm me perturbado bastante e preciso lê-los novamente, com mais calma.

– Continuam perturbando você?

– E muito. Já lhe falei sobre o que Pai Sebastião me disse, sobre a dívida que diz ter para comigo e que gostaria que eu o ajudasse no auxílio a outros escravos que estiveram envolvidos conosco.

– Sei.

– É justamente sobre isso que vim lhe falar. Sabe, Haroldo, tenho a impressão que tudo o que ali tenho lido, já vivi em uma outra vida. Às vezes parece-me que estou vendo ou, mesmo, recordando aquele ambiente. Parece-me conhecê-lo. Chego a pensar que tenho algo a ver com Celestino.

– Com Celestino? E que ligação poderia ser essa?

Nelson fica alguns segundos em silêncio até responder de um só fôlego e com muita coragem:

– Tenho a sensação de ter sido um dos escravos, mais precisamente, Noal, que queria se vingar dele nessa passada encarnação.

– Algo mais nessa história o faz pensar assim? Digamos, algo mais expressivo, mais contundente, mais real?

– Sim. Bem, você conhece um lado negativo de meu passado, nesta presente encarnação...

– Conheço.

– E até tentou demover-me do que estava fazendo.

– É verdade. Até cheguei a me afastar de você porque não concordava com tudo aquilo.

– Certo, e não o culpo por isso. O que acontece, Haroldo, é que a noite passada tive um sonho muito real. Primeiro com minha esposa, depois com Pai Sebastião, e tive uma visão.

– E que visão foi essa?

– Vi o rosto de Celestino como se uma fotografia me tivesse sido apresentada pelo preto velho.

– Uma fotografia?

– Não foi bem uma fotografia. Pai Sebastião aproximou a palma de sua mão direita sobre meus olhos e, fechando-os, vi nitidamente o rosto do feitor.

– E você o reconheceu?

– Sim e não foi só isso. Quando fixei bem meu olhar sobre aquela visão, esta se transformou num rosto bem conhecido por mim.

– O da pessoa que você prejudicou – conclui Haroldo, com segurança.

– Isso mesmo. Você não pode imaginar, Haroldo, como dói um remorso – exclama o homem, vindo às lágrimas.

– Posso imaginar. Mas por que não o procura? Por que não o procura e o ajuda?

– Porque ele está morto.

– Morto?!

– Isso mesmo. Sei até onde está enterrado. E penso que pode ter sido um suicídio.

– Suicídio?!

– Sim. Foi atropelado numa avenida bastante movimentada. Pelo menos, foi o que meu funcionário pôde descobrir.

– Meu Deus! Pobre rapaz! Se me lembro bem, seu nome era Cláudio, não?

– Sim. Você sabe se ele tinha parentes, Haroldo?

– Tenho certeza que não. Como é do seu conhecimento, Cláudio frequentou muito tempo este Centro e, quando tudo aconteceu, na época, eu também era um jovem, um pouco mais velho que ele e o conhecia, porém, não tínhamos muito contato. Sabia ser ele um grande conhecedor da Doutrina e prestava preciosa colaboração a esta casa. Quando soube o que você estava fazendo, procurei dissuadi-lo de seu intento.

– Lembro-me.

– Na época, seus pais já haviam desencarnado e, depois de tudo o que aconteceu com ele, sei que alguns amigos o acolheram. Mas, de repente, não o vi mais e, pelo que soube, não tinha nenhum parente e nunca mais tive notícias suas. E, agora, você me diz que ele parece ter-se suicidado, ou, pelo menos, que já desencarnou, tendo em vista o túmulo encontrado.

– Isso foi o que pude apurar. Um funcionário meu realizou uma investigação bastante minuciosa. Por causa dos negócios, ainda detínhamos em nossos arquivos o número de sua identidade e, por esse número, foi localizado o local em que se encontra sepultado. Meu funcionário verificou os documentos do cemitério. É ele, mesmo. Mas também, vim falar com você, Haroldo, porque algo aconteceu de muito estranho com um de meus funcionários, inclusive, o que, na época, foi meu porta-voz de toda a negociação, ou, se quiser melhor denominá-la, de toda a trama.

– E o que aconteceu, Nelson?

– Fiquei sabendo que Otávio está passando por grave problema de depressão há quase um mês. Faltou vários dias ao serviço. Sua esposa pensava que ele estivesse trabalhando, vindo a saber, através de um conhecido, que ele ficava quase o dia todo caminhando pela cidade ou sentado em uma praça. Até pensava que ele estivesse em férias. Depois, trancou-se em seu quarto. Agora, com um tratamento psiquiátrico, com medicamentos, já está conseguindo frequentar os outros cômodos da casa e conseguiu falar comigo em particular, quando fui visitá-lo anteontem com meu filho Roberto. Por sorte, pediu para falar comigo a sós. Penso, também, que está necessitando de auxílio espiritual.

– E o que poderemos fazer por ele? Ele lhe contou o que o deixou nesse estado?

– Contou-me, sim, e o caso é grave, pelo menos para mim, e nem sei o que dizer sobre isso. Penso que ele está num processo, como o meu, de desenvolvimento da vidência.

– E presumo que ele deva ter visto algo que o chocou a tal ponto de o levar a essa depressão.

– Tenho certeza de que foi isso.

– E o que foi ou, com mais certeza, quem foi que ele viu?

Nelson faz ar grave e responde:

– Ele me disse ter visto Cláudio.

– Ele viu Cláudio? Ele tem certeza disso?

– Tem.

– Então, ele deve ter visto o Espírito.

– Foi o que pensei.

– E em que condições foi isso e o que ele fez?

– Otávio relatou-me que havia ido, num fim de semana, até a cidade de... esqueci-me o nome, agora... bem, não importa. Ele me disse que tinha ido a uma cidade, com uns amigos, para pescar. Quando já estavam para chegar ao destino, pararam num restaurante, desses à beira da estrada, para comerem alguma coisa. De repente, distraído que se encontrava, olhou para fora, para o pátio, onde se localizava um posto de combustível, e viu alguém que lhe chamou a atenção. Naquele momento, sem saber o porquê. Era uma pessoa que vinha se encaminhando em direção a uma das vidraças do restaurante e que, ao chegar próximo a esta, quase chegou a colar a cabeça no vidro para espiar em seu interior. E foi aí que ele levou um grande choque.

– Era Cláudio?

– Diz ele que sim e que, após alguns segundos sem saber o que fazer, não resistiu e correu para fora do recinto, com o olhar preso naquele rosto, porém, teve de passar por entre um corredor de produtos que se encontravam à venda, momento em que o perdeu de vista. Disse-me ele que a porta de saída se encontrava a cerca de dois metros daquela vidraça, mas que, assim que saiu, após poucos segundos, Cláudio desaparecera. Afobado, correu para os dois lados da construção, mas não mais o viu.

— Ele pode ter-se confundido.

— Foi o que eu disse a ele. Mesmo porque, conforme me descreveu, Cláudio se encontrava bem mais velho e trazia um semblante bastante sereno. A única coisa que posso deduzir é que ele tenha visto o Espírito.

— Bem, Nelson, eu tenho duas considerações a fazer: a primeira é que se Cláudio desencarnou moço ainda, e bom rapaz como era, mesmo com a hipótese de ter-se suicidado, com certeza, sua aparência espiritual, se o víssemos hoje, através da mediunidade, seria correspondente à imagem daquela época e não envelhecida, principalmente se seu semblante estivesse tão sereno como Otávio descreve.

— Entendo.

— Um outro ponto a se levar em consideração é que, talvez, Otávio tenha vindo a se culpar por todos estes anos, e quando viu alguém que lhe lembrou Cláudio, teve esse choque. A propósito, ele sabia que Cláudio já tinha desencarnado?

— Não sabia.

— E você lhe disse?

– Ainda não. Ele acredita tanto tê-lo encontrado, que penso que essa revelação somente viria a complicar o seu estado.

– Bem, Nelson, penso que não deve se preocupar muito com isso, porque pelas explicações que lhe dei, não há como essa pessoa que ele viu ser um Espírito.

– Não tenho tanta certeza, Haroldo – insiste Nelson.

– Por quê?

– Porque algo mais aconteceu com Otávio.

– E o que foi?

– Quando ele chegou à cidade, depois de algumas horas, viu Cláudio novamente.

– Viu-o?

– Sim, só que desta vez, chegou a falar com ele.

Haroldo, que se encontra sentado à frente de Nelson, inclina o corpo mais à frente, numa tentativa de não perder uma só palavra do amigo, pelo interesse e pelo rumo que aquela conversa estava tendo.

– Falou com ele?

– Isso mesmo. Otávio, num momento em que seus companheiros de pescaria estavam numa loja especializada em artigos de pesca, escolhendo materiais, saiu em direção a uma praça defronte à loja e viu quando Cláudio caminhava numa calçada do outro lado daquele logradouro público. Desta vez, não se permitiu perdê--lo e o cercou, fazendo-o parar. Contou-me ele que era Cláudio, mesmo. Reconheceu-o de pronto.

– E daí?

– Disse-me ele que lhe perguntou se ele era Cláudio e o homem olhou-o fixamente e lhe perguntou por que queria saber. Otávio, então, lhe disse que lhe era muito importante saber. E Cláudio novamente lhe perguntou por que motivo fazia aquela pergunta e se valeria a pena saber. E Otávio, com lágrimas nos olhos, pediu-lhe perdão por todo o mal que lhe fizera.

– E Cláudio?

– O homem lhe disse para que nunca mais se preocupasse com isso, que passado era passado e que todos nós temos de viver o presente e que ele estava vivendo feliz com o seu. Otávio não teve mais dúvida e lhe perguntou se ele o perdoava e se ele, Otávio, poderia fazer algo em seu benefício. Cláudio lhe sorriu, colocou ambas as mãos sobre seus ombros, fez-lhe um gesto de carinho em seus cabelos e lhe disse que, se isso era tão importante para ele, que soubesse que já o havia perdoado há muito tempo.

– Mas esse homem não poderia estar apenas tentando resolver o problema de um desconhecido que sofria porque queria ser perdoado por alguém e que lhe tinha confundido com essa pessoa?

– Não, Haroldo, porque esse homem lhe disse que já o havia perdoado e a mim, citando o meu nome e o de Carmem, minha esposa. Depois, abraçou fortemente Otávio, pediu que Deus nos abençoasse a todos e, despedindo-se, virou uma esquina e desapareceu. Agora, lhe pergunto: por que Otávio ficou tão deprimido assim?

Para mim, ele só pode ter visto um Espírito, porque somente Cláudio poderia lhe ter dito tudo o que disse.

– Em parte você tem razão, mas se for assim, Otávio deve estar desabrochando vários tipos de mediunidade ao mesmo tempo, principalmente por ter sentido o abraço do Espírito.

– Isso é uma das coisas que mais me incomoda, Haroldo, porque um de seus amigos que se encontravam na loja viu quando Otávio foi abraçado por Cláudio. Teria ocorrido uma materialização?

– Bem, Nelson, se tudo isso realmente aconteceu, somente pode ter ocorrido isso ou esse amigo de Otávio também tem vidência e tenha ocorrido uma grande coincidência. O que me deixa um pouco confuso é a aparência dele, envelhecido...

– Não sei o que fazer.

– Façamos o seguinte: deixemos Otávio pensar que, realmente, Cláudio está encarnado e que conversaram. Para ele, tudo não passará de um problema de consciência que o psiquiatra poderá administrar com medicamentos, e reservemos o nosso auxílio se, porventura, ele voltar a ter visões que, comprovadamente, tenhamos plena convicção de que a causa seja a vidência.

– Concordo com você, Haroldo, mas, agora, estou em dúvida quanto a tudo isso, porque... e se, realmente, aconteceu essa dupla vidência ou, mesmo, uma materialização? Algum motivo deve ter por detrás de tudo isso. Afinal de contas, é muita coincidência. Uma mediunidade em mim desabrochada, repentinamente, depois, a leitura desses manuscritos de Pai Sebastião, onde me vejo fazendo parte dessa encarnação, inclusive, identificando-me com o escravo Noal, a identificação de Celestino com Cláudio durante o sono, algo bem real e, agora, essa aparição, justamente com Otávio. Não sei o que pensar, Haroldo. Sinto-me muito confuso e o meu remorso aumenta cada vez mais.

Nesse momento, Nelson entra em prantos, enquanto Haroldo procura acalmá-lo, aplicando-lhe passes. Quando o homem se acalma, Haroldo lhe revela:

– Sabe, Nelson, recebi ontem um novo manuscrito e, junto dele, uma carta do andarilho dizendo-me que esses escritos não lhe pareciam mais como a continuação de um livro que poderia ser editado, mas, sim, de um recado de Pai Sebastião.

– Como assim?

– Vou buscá-lo e pediria a você que o lesse para podermos discutir mais sobre esse assunto.

– Pois me faça esse favor, Haroldo.

XVI

A LEITURA DO
QUINTO MANUSCRITO

Começamos, então, a empreender o caminho de volta, em direção à colônia. Caminhávamos em silêncio e pude perceber que, quanto mais nos aproximávamos de nosso destino, as seis criaturas que estávamos trazendo começaram a sentir os efeitos, ainda desconhecidos para mim, da mudança das vibrações. O ar, realmente, tornava-se mais leve e a sensação de menos peso em nossos corpos fazia-se sentir, a ponto de eles terem de ser amparados por nós. Ao chegarmos, os encaminhamos, com o auxílio de enfermeiros, a um dos barracões e os acomodamos em leitos. Nesse momento, despedi-me deles e saí, não sem antes lhes prometer que, assim que fosse conveniente, viria visitá-los. Minha maior preocupação era com o escravo Noal, que me parecia ainda um pouco revoltado, apesar de ele, sendo o líder dos outros, ter concordado em nos acompanhar. Não obstante, percebi *que, assim que entramos na colônia, seu olhar, embora, como os outros, espantado com tudo o que via, pareceu-me estar à procura de alguém, com certeza, do feitor Celestino. Permaneci por cerca de três semanas sem contato com eles, obedecendo à recomendação de Deodato, continuando a minha tarefa junto a Celestino, já bastante confiante no futuro e, cada vez mais, conhecedor da Doutrina dos Espíritos e dos ensinos de Jesus. Certa tarde, Deodato mandou chamar-me.*

— Pois não, irmão Deodato, quer falar comigo?

— Sim, Sebastião. Quero que, a partir de hoje, passe a cuidar dos seis escravos que resgatamos. Estou lhe solicitando essa tarefa pela ascendência que possui sobre eles. Mostre-lhes o que for possível desta colônia e os inicie nos ensinamentos da vida. Você já sabe como fazê-lo.

— Procurarei fazer o melhor que estiver ao meu alcance. E quanto a Celestino?

— Já solicitei à irmã Rosana que passe a acompanhá-lo em seus estudos.

— E haverá a possibilidade de eles se encontrarem com o feitor?

— Com certeza, esse procedimento fará parte do tratamento, mas somente quando você perceber que já poderá ocorrer esse reencontro. Será um momento muito delicado.

— Sei disso, irmão, principalmente quanto a Noal.

— Se precisar de ajuda, basta me comunicar.

— Obrigado, irmão Deodato. Irei, imediatamente, ter com eles.

Retirei-me e dirigi-me ao barracão que os acolhia. Senti profunda alegria em vê-los bem, pelo menos, do ponto de vista físico. Já não mais permaneciam deitados e estavam os seis auxiliando na limpeza do local.

— Como se sentem? – perguntei-lhes.

— Pai Sebastião! – responderam todos e, deixando de lado os instrumentos de limpeza, acorreram até mim, abraçando-me efusivamente.

— Estávamos com saudades de você, Pai Sebastião – disse-me Noal. – Pensávamos que já nos tinha esquecido.

— De maneira alguma. Tenho-os na mente desde que os deixei aqui. E muito tenho orado por vocês.

— E agora, Pai Sebastião? O que iremos fazer? – perguntou um outro.

— Bem, a partir de agora, uma nova etapa terão de percorrer se quiserem, de verdade, buscar a felicidade. E fui designado a lhes esclarecer tudo o que sei a respeito da vida e dos ensinamentos de Jesus, que é o único caminho para essa busca.

— Continuaremos a morar neste barracão?

— Ainda por uns tempos. Depois serão transferidos para um outro que abriga os que já se encontram em condições de trabalhar em benefício do próximo.

— E podemos sair? Caminhar lá fora? – perguntou Noal.

— Poderão, sim, porém, com certas restrições. Até que lhes seja dada autorização, não poderão entrar em

nenhum dos barracões, a não ser este daqui e no do centro, um maior, que eu vou lhes mostrar. E isso, quando forem estudar comigo. Vocês já terminaram o serviço de limpeza?

— Falta pouco, Pai Sebastião.

— Pois eu os estarei esperando junto àquela porta. Assim que terminarem, podem me encontrar lá.

Deixei-os com a tarefa que lhes competia e me dirigi até a saída, procurando, pelo caminho, parar um pouco diante de algumas camas e fazer uma prece em benefício dos ali internados, em recuperação. Pouco tempo depois, meus amigos chegaram até mim e os levei para conhecer a colônia. Realmente, ficaram boquiabertos com a beleza dos jardins e das instalações que, apesar de bastante simples, eram todas muito bem cuidadas, sendo a maior perplexidade no tocante às plantas e árvores, desconhecidas por eles, que ainda não tinham visto em detalhes, tendo em vista a situação em que se encontravam quando chegaram.

— Mas este lugar é muito bonito, Pai Sebastião — disse-me Antonio, um dos escravos. —Nunca vi algo assim. E olhe que já trabalhei numa fazenda que era uma beleza. Mas nada se compara. Merecemos tudo isto?

— Lembrem-se, meus amigos Antonio, Bento, Luís, Caco, Mercedes e Noal — e vejam que me lembro dos nomes de vocês — ainda nenhum de nós merecemos. E aprendam esta primeira lição: Deus, confiando nas boas intenções de Seus filhos, sempre lhes antecipa benefícios, que eles terão que fazer por merecer. Por isso, não percam esta oportunidade. Alguma pergunta?

– *Gostaria de lhe fazer uma* – respondeu Caco.

– *Pois faça.*

– *Gostaria de saber o destino de nossos outros companheiros e, principalmente, de nossas mulheres e filhos.*

– *Muitos de nossos companheiros de sofrimento ainda se encontram aprisionados, como vocês se encontravam, em lutas de ódio e de vingança e, assim como me foi pedido para auxiliá-los, também lhes serão solicitados os préstimos de socorro e resgate a muitos deles. Alguns outros se encontram em outras colônias como esta. Quanto aos seus familiares, procurarei me informar a respeito. Esse também é um exercício que Deus nos concede: o da paciência e da esperança. Fiquem tranquilos que um dia os encontrarão, porque o amor verdadeiro não separa os que se amam.*

– *Também gostaria de lhe fazer uma pergunta, Pai Sebastião* – pediu Noal.

– *Pois não.*

– *O senhor nos disse que Celestino se encontra aqui nesta colônia. Iremos nos deparar com ele? Ou, pelo menos, poderia nos dizer onde ele se encontra?*

Percebi, nas palavras de Noal, em sua entonação de voz, muita mágoa e, com certeza, um tom de revolta, e calmamente lhe respondi:

– *Quanto ao lugar onde ele se encontra alojado, não poderei lhe responder agora, mas pode ser que venham a se deparar com ele porque possui um trabalho a* que se dedica nesta colônia. Agora, lhe faço uma pergunta e gostaria de ouvir uma resposta sincera: qual deverá ser a reação de vocês quando se encontrarem com ele?

Profundo silêncio se fez, até que Antonio me respondeu:

— Penso que, na primeira vez, vou fazer de conta que não o reconheço, mesmo porque não saberia o que lhe dizer. Depois do que nos falou lá na clareira, não chego mais a sentir nenhum desejo de prejudicá-lo.

Os outros quatro escravos concordaram com o pensamento de Antonio. Apenas Noal manteve-se em silêncio.

— E você, Noal. O que me diz?

— Você nos pediu sinceridade, Pai Sebastião e não quero lhe faltar com ela. Somente posso lhe dizer que não sei qual seria a minha reação. Ainda não consigo entender bem essa história de vidas passadas e que posso ser um devedor de Celestino. De qualquer maneira, penso que nada farei que venha a magoar você, diante da ajuda que nos prestou. Pelo menos, até que eu consiga entender bem os caminhos da vida. Hoje, somente sei que já morri e que ainda me encontro vivo em outro lugar. Que já sofri bastante e que agora estou no melhor lugar que já pude estar em toda a minha vida, pelo menos nesta última.

— Jesus nos ensinou a sermos bons, Noal, e que o perdão é o ato mais corajoso que um Espírito pode realizar. E que o perdão é o que de melhor podemos usar para que uma criatura que nos feriu não venha a ferir mais ninguém. De que adianta ferir quem nos feriu? Nada será resolvido dessa maneira e pode, até mesmo, e, na maioria das vezes, piorar a situação. Mas o perdão pode transformar corações, pelo seu edificante exemplo.

— Mas é difícil, Pai Sebastião.

— Por isso mesmo é considerado um extremo ato de coragem, porque requer grande renúncia e desprendimento de nossa parte. E somente os mais fortes o conseguem. Porque os fracos são aqueles que ficam a se lamentar, acorrentados aos que odeiam.

— Se isso for verdade, penso que não passo de um covarde.

— Será corajoso com Jesus. Não conhece a Sua história?

— Um pouco, através do que os padres falavam na fazenda.

— Muito bem. Então, sabe que ele foi crucificado pelos homens; pregado na cruz, pelas mãos e pelos pés.

— Sei disso.

— E por que ele nada fez para se vingar?

— Não sei.

— Pois eu lhe explico: ele nada fez porque isso de nada adiantaria para os homens. Ele nada fez para que os homens se recordassem dele como seguidor das próprias lições que deixou. E uma delas é a do perdão. O exemplo ensina mais que tudo, Noal.

— Entendo, mas ainda nada posso lhe dizer com a sinceridade que me pediu.

O tempo foi passando e os meus seis tutelados aprendiam rápido as lições que eu lhes passava, apesar da minha ignorância natural. Frequentavam as aulas da senhora Durvalina para aprenderem a ler e cooperavam no que podiam nas diversas atividades da colônia, na verdade, realizando serviços braçais na preservação daquele local. Já haviam se entrosado com os demais moradores e eu percebia a existência de troca de informações entre eles. Uns e outros desejando notícias de seus amigos, suas mulheres e filhos. Não que essa colônia fosse exclusivamente formada por seres do sexo masculino, mas, dificilmente as mulheres, que ali habitavam, mantinham conversação com os homens. Entre elas também havia esse interesse por notícias, quando alguém chegava na colônia. Havia também diversos casais que viviam em harmonia uns com os outros, por terem se reencontrado ali. Eram marido e mulher e, mesmo, filhos e filhas, como numa pequena cidade. No caso específico de Noal, cheguei a perceber, por diversas vezes, o seu interesse em saber em que local Celestino se encontrava. Mas como havia, também, muitos brancos ali acomodados, ficava difícil a informação, pois eram muitos os Espíritos, moradores daquela colônia de socorro. Um dia, encontrava-me sentado à sombra de uma árvore, após a refeição, descansando um pouco para reiniciar as minhas atividades, quando Noal se aproximou.

— Sente-se aqui, meu amigo.

— Gostaria de lhe falar, Pai Sebastião.

— Pois fale.

Noal ficou alguns instantes em silêncio, como que a pensar de que forma iniciar a conversação.

– Pai Sebastião, preciso de um favor.

– Estou à sua disposição.

– Já estou sabendo onde Celestino se encontra.

– Sim...

– Gostaria de vê-lo e queria que fosse comigo.

– E por que quer vê-lo?

Noal baixou os olhos e me respondeu, creio que com toda a sinceridade de seu coração.

– Preciso vê-lo, Pai Sebastião, mas temo ir lá sozinho e não conseguir me conter. Ainda não me encontro preparado para tê-lo à minha frente. E tenho medo de não resistir à tentação de ir até lá.

– Penso que ainda é cedo, Noal.

– Sei disso, mas como lhe disse, receio não resistir. Talvez, se você fosse junto...

Vi-me, então, em difícil situação. Realmente, seria desastroso que ele fosse lá, sozinho e movido por um desejo de vingança. O que fazer? Talvez eu pudesse falar com Deodato e propor uma transferência de Celestino para algum outro local. E foi o que resolvi. Pedi a Noal um prazo para pensar e que até a noite eu resolveria. Ele, por sua vez, prometeu-me que esperaria minha resposta. Imediatamente, fui ter com Deodato.

– Sebastião – respondeu-me Deodato –, não podemos ficar transferindo abrigados, toda vez que algum inimigo aparecer por aqui.

– E o que devemos fazer?

— Sabe, Sebastião, por vezes, temos de permitir que os irmãos aprendam naturalmente como é e como deve ser encarada a vida e quais os passos que devem ser dados para se encontrar a paz e a felicidade, mesmo que isso lhes custe algum sofrimento. Ou ninguém aprenderá nunca.

— E que conselho me dá a respeito de Noal?

— Diga-lhe que ele deve conter esse impulso, pois ainda não lhe é permitida a visita a Celestino. Diga-lhe mais. Diga-lhe que ele foi amparado e recolhido aqui nesta colônia com muito carinho e que estamos fazendo tudo por ele, mas que temos regras a serem cumpridas. Seja firme, Sebastião. É a hora do sim, sim, não, não.

— Compreendo perfeitamente, Deodato. Até mais.

— Até mais, Sebastião e que Deus os abençoe.

Esperei o escurecer e procurei por Noal em seu alojamento, solicitando que me acompanhasse em um passeio.

— E, então, Pai Sebastião? Estou angustiado por sua resposta. Poderemos ir até Celestino?

— Não, Noal. E esta decisão não é só minha. Consultei um meu superior e decidimos, para o seu próprio bem, que ainda não é hora de você ver Celestino. Você terá de ter um pouco mais de paciência, conter esse seu ímpeto e, um conselho que lhe dou: toda vez que pensar nesse assunto, abra o Evangelho e leia com muita atenção até acalmar as suas ideias.

Noal baixou os olhos e respondeu-me:

— Tenho procurado ser sincero com você, Pai Sebastião, e vou continuar sendo. Vou tentar, mas não sei se vou conseguir me conter. Entendo bem a sua decisão, pode acreditar. Sei que tem toda a razão, mas não sei...

— Eu lhe digo mais, Noal. Esta colônia tem as suas regras, os seus regulamentos para que todos que aqui se encontram possam aqui estar em segurança e em paz. Portanto, devo lhe prevenir que este local possui, através de todas as suas vibrações de amor, um sistema de defesa muito rígido, utilizando-se, para tanto, das próprias vibrações negativas que, porventura, possam ocorrer aqui dentro. Por isso, meu amigo, nada faça que possa a vir prejudicá-lo, através de você mesmo, de seu próprio pensamento inferior.

— Pensarei nisso, Pai Sebastião. Obrigado pela preocupação e perdoe-me por esse trabalho que lhe estou dando. Vou procurar me conter.

— Mais uma coisa, Noal. Permaneça dentro da colônia e afaste-se daquela abertura que a liga à estrada. Já o vi, por diversas vezes, naquelas imediações.

— Sabe, Pai Sebastião... sinto que me chamam naquele local.

— Sei disso, mas sei, também, que somente o chamam quando começa a sentir o antigo desejo de vingança no coração.

— É verdade.

— É por isso que lhe aconselho a ler mais o Evangelho, principalmente nessas horas. Abra o livro ao acaso e leia.

— Tentarei, tentarei.

– *Agora, volte para seu alojamento e descanse, não sem antes fazer uma leitura e uma prece rogando ao Alto que o ilumine e abençoe.*

– *Obrigado por tudo. Tentarei fazer o que me pede.*

Confesso que fiquei preocupado com aquela situação. Temia perder Noal, mas se ele não conseguisse controlar o impulso da vingança, fatalmente o pior poderia vir a acontecer para ele. Ah, se os homens soubessem a força destrutiva de um sentimento de ódio! Principalmente para quem não consegue se libertar desse descaminho. Aprisiona mais que os grilhões da escravatura e fere mais que um açoite. E passei a vigiá-lo mais de perto, tanto que pedi a Deodato para que me concedesse a permissão de alojar-me no mesmo barracão em que ele se hospedava. Por quatro vezes, vi-o a rodear o alojamento onde se encontrava Celestino e sutilmente consegui afastá-lo de lá, demovendo-o de qualquer ideia menos digna. Porém, o pior, o que eu mais temia, acabou acontecendo e nada pude fazer, pois o livre-arbítrio é uma prerrogativa muito forte do Espírito, a fim de que possa aprender com os próprios erros e no próprio exemplo. Pouco tempo depois desses acontecimentos, despertei com estranho pressentimento e fui até o leito de Noal. Estava vazio. Dirigi-me rapidamente até a porta, saí do prédio e não consegui vê-lo nas imediações, o que não me seria difícil, tendo em vista o alvo luar a iluminar a colônia, muitíssimo mais brilhante do que pode visualizar na Terra o Espírito encarnado. Não tive dúvidas. Rapidamente, quase correndo, fui ter à abertura da ferradura, como costumei denominar o local que dá acesso à estrada descente. De longe já consegui distinguir Noal, já na estrada, porém parado e gesticulando, gritando algo que, da distância em que me encontrava, não conseguia entender. Apressei o passo e, aproximando-me mais, vi que a bruma se encontrava mais próxima e, como se dela fizesse parte, diversas figuras de escravos a falar com ele.

— Vingança, Noal! Vingue-nos! Traga-o para nós! Queremos vingança! Em nome de todas suas vítimas! Em nome de nossos irmãos! Das mães sofredoras! Traga--o para nós!

Noal permanecia extático, porém, envolvendo-se, cada vez mais, com os brados que mais e mais aumentavam, lançou um grito, como um uivo lancinante:

— Vingança!!! Vingança!!!

Girou o corpo e, ao me ver me aproximando, ordenou-me, com muito ódio no coração:

— Saia da frente, preto velho! Não me convencerá mais. Você está do lado dos malditos! Saia!

— Não, Noal. Em nome de Deus, me escute.

— Traga-o, também, para cá! Esse velho nos traiu! – gritavam, agora, os infelizes.

E Noal avançou em minha direção, porém, nesse momento, tendo em vista a intensa modificação vibratória de seus sentimentos, como que um braço de espesso nevoeiro emergiu das brumas e o enlaçou, levando-o para junto dos outros, e ainda pude ouvir seu grito de revolta quando toda aquela formação nubilosa afastou--se rapidamente, deixando a estrada, agora, iluminada pelo brilhante luar. Nada mais pude ver ao longe. Apenas escuridão. Ajoelhei-me e orei muito por Noal e por todos aqueles infelizes, vítimas do ódio e da revolta. Dia seguinte, relatei o ocorrido a Deodato.

– Entristece-me muito o ocorrido, Sebastião, porém, Deus nos oferece o livre-arbítrio para que possamos decidir sobre os nossos atos.

– Penso que não fui eficiente o quanto deveria ter sido. Sinto que poderia ter feito mais por Noal.

– Não se culpe, meu irmão. Você fez o que pôde. Na verdade, Noal ainda não se encontrava em condições de assimilar os ensinamentos de Jesus. Mas, tranquilize-se. O tempo se encarregará de ajudá-lo e a tantos infelizes. Concentre, agora, seus esforços para manter os outros cinco no caminho certo. E ajude Celestino.

– Graças a Deus, parece-me que todos estão se conscientizando bem sobre a dádiva do perdão e Celestino já se encontra trabalhando ativamente, como uma forma inicial de resgatar seus débitos. Apenas Mercedes se encontra um tanto revoltada com o ocorrido. Penso que tinha uma estreita ligação com Noal. Vou me dedicar um pouco mais a ela.

– Confie em Deus, Sebastião. Temos muito trabalho pela frente.

– Que Deus nos abençoe a todos.

Despedi-me e retornei ao meu trabalho, com muito ânimo.

***

E durante anos, vimos trabalhando no resgate de muitos infelizes, todos ligados à escravidão, inclusive Noal. Com respeito a esse nosso irmão, devo dizer que aceitou esquecer um pouco o passado, mas nunca aceitou a ideia de perdoar Celestino, apesar de esse ex-feitor ter dado muitos exemplos de sua modificação íntima, aqui na colônia, tornando-se um grande trabalhador na seara de Jesus e, tempos depois, ter sido transferido para um outro núcleo de atendimento, mais especializado, integrando dedicada equipe de resgate em regiões mais trevosas. Dos outros cinco, mais dois, Mercedes e Antonio, apesar de se tornarem bons colaboradores, também ainda sentiam certa mágoa. Na verdade, os três ainda sentiam essa aversão pelo Celestino "feitor" e não conseguiam admitir a sua grande transformação. E esse fato estava impedindo a evolução deles. Mas, como a Providência Divina sempre oferece oportunidades várias para seus filhos, houve por bem a reencarnação dessas quatro criaturas na Terra, desde pouco mais de setenta anos. Tudo isso, diante de um comprometimento dos três de que, aproximando-se de Celestino, através de um programa previamente traçado, pudessem tornar-se amigos, com chances de trabalharem pela divulgação dos ensinamentos de Jesus e da Doutrina dos Espíritos. E nós, daqui, e em algumas incursões pela Terra, temos procurado auxiliar a esses irmãos que, apesar do. compromisso assumido, apenas Bento e Celestino têm-se dedicado ao labor na seara de Jesus, sendo que Noal e Antonio, ainda presas de inconsciente e latente aversão por Celestino, já chegaram a prejudicá-lo imensamente, envolvendo também Mercedes, que se deixou levar pela ambição. Mesmo assim, esse irmão, por tudo o que aprendeu e assimilou, não se deixou abater e continua no trabalho da divulgação, mesmo a duras penas, mas temos certeza de que ainda nessa encarnação, conseguirão se unir, alijando as mágoas e trabalhando para Cristo, nosso irmão maior.

XVII

A DESCOBERTA

– Meu Deus! – exclama Nelson – Somos nós! Eu, Carmem, Otávio, Celestino ou, agora, Cláudio. Será que você também não estaria inserido nessa história, Haroldo? Tudo se encaixa. Até a aversão que senti por Cláudio, desde a primeira vez que o vi. Infelizmente, não soube controlar tudo isso e, juntando tudo à ganância... Meu Deus! O que poderei fazer para me redimir perante a vida?

E Nelson entra, novamente, em prantos.

– Acalme-se, Nelson. E preste atenção.

– Pode falar – pede o homem, enxugando as lágrimas.

– No meu entender, não foi à toa que esse Espírito Pai Sebastião nos fez chegar às mãos esses manuscritos. E olhe que esse é um acontecimento muito raro de acontecer, ou seja, esses escritos.

– Você não sabe quem os enviou? Talvez essa pessoa possa nos dar uma resposta.

– É o que pretendo descobrir, Nelson.

– Mas como? Falando com essa senhora que lhe enviou o primeiro manuscrito?

– Isso mesmo. Vou ligar a ela, agora mesmo.

Dizendo isso, Haroldo vai até o telefone e, procurando o número em uma agenda, liga para o Centro Espírita.

– Alô. Com quem falo?...Dona Leontina? Meu nome é Haroldo e sou amigo de Dona Elza. Ela se encontra?... Sim, está em sua residência... A senhora poderia, por gentileza, fornecer-me o número de seu telefone?... Obrigado, Dona Leontina. Pode falar. Vou anotar... Muito agradecido e que Deus a abençoe.

Haroldo desliga o telefone e faz nova ligação.

– Alô. Dona Elza?

E do outro lado da linha:

– Sim.

– Dona Elza. Aqui é Haroldo.

– Oh, seu Haroldo. Como vai?

– Estou muito bem.

– O senhor recebeu minha correspondência?

– Recebi e mais algumas. Cada uma delas de uma cidade diferente.

– Esse nosso amigo anda bastante.

– Dona Elza, preciso de algumas informações da senhora.

– Pois não, seu Haroldo.

– A senhora poderia me dizer o nome desse andarilho?

– Ele é conhecido como Cal. Todos o chamam assim.

– Mas e o nome verdadeiro dele? A senhora poderia me dizer?

– Não tenho certeza, seu Haroldo. Não me lembro se é Carlos ou Cláudio.

– Dona Elza, a senhora não poderia verificar para mim? Deve haver uma ficha de cadastro no albergue.

– Temos, sim.

– E quando a senhora poderia fazer isso? Sabe, Dona Elza, isso é muito importante para um amigo que pensa conhecê-lo e que se encontra neste momento aqui em minha casa e muito ansioso por essa resposta. Trata-se de uma história bastante interessante e, um dia, lhe contarei com detalhes.

– Bem... Eu teria de ir até o Centro e verificar. O único problema é que o armário que usamos como fichário, nesta hora, se encontra fechado e eu teria de apanhar a chave com o seu Carlos, que é o presidente. E, agora, assim... não sei se conseguiria localizá-lo. A não ser... Espere um pouco, seu Haroldo. Minha filha está chegando e talvez ela saiba. Por coincidência, ela andou trabalhando nessas fichas... atualizando, melhor dizendo. Aguarde um minuto.

– Eu espero.

Alguns segundos se passam e Dona Elza torna ao telefone.

– Seu Haroldo.

– Pode falar.

– O nome dele é Cláudio, mas minha filha não se lembra do sobrenome. Apenas sabe o seu nome.

– Meu Deus!

– O que disse, seu Haroldo?

– Nada, não, Dona Elza. Penso que essa informação já é o suficiente, por hora. A senhora poderia me informar se ele se encontra hospedado no albergue?

– Se encontra, sim, seu Haroldo. Na verdade, chegou ontem. O senhor sabe como é. Eles fazem rodízio nos albergues da região.

– Sei. Agora, necessito de um outro favor. Eu e esse meu amigo gostaríamos de encontrá-lo, falar com ele. Podemos ir até aí?

– Seria um prazer recebê-los, seu Haroldo. Até poderiam ficar hospedados em minha casa. Mesmo porque, não daria para vir e voltar no mesmo dia. Seria muito cansativo.

– Nós agradecemos, mas a senhora terá de lhe pedir que nos aguarde.

– Pois farei isso, seu Haroldo. Quando virão?

– Penso que amanhã mesmo. Mas antes de irmos, eu confirmarei com a senhora. E não precisa se preocupar com acomodações. Ficaremos hospedados em algum hotel da cidade.

– Os senhores decidem. Se quiserem, será uma enorme satisfação recebê-los.

– Muito obrigado, Dona Elza. Hoje mesmo lhe telefono.

– Estarei aguardando. A propósito, vou lhe passar o número de meu telefone celular, porque estamos tendo uma Feira de Livros Espíritas na praça da cidade e também o trabalho no albergue... Por favor, queira anotar.

Haroldo anota o número e se despede.

– O que conversou tanto com essa mulher, Haroldo? – pergunta Nelson, angustiado – Você lhe disse que iríamos até lá?

– Você não faz ideia do que acabei de descobrir.

– E o que descobriu?

– Simplesmente que esse andarilho que psicografou essa páginas se chama Cláudio.

– Cláudio?! Mas... se ele está morto...

– É... você tem razão, mas se Otávio diz tê-lo visto... E quanto aos documentos que seu funcionário diz ter verificado, não teria ele se enganado? Sabe, Nelson, penso que Cláudio está vivo.

– Agora, já não sei o que pensar. Mas, realmente, é muita coincidência. Além do mais, por que ele estaria lhe enviando os manuscritos? Justo a você. E minha esposa, então? Quando a vi em meu quarto, pediu-me para procurá-lo. Penso que temos de ir lá, sim. E o sobrenome dele?

– Dona Elza não tem como ter acesso às fichas do albergue neste momento.

– Pois vamos até lá. Ouvi quando você disse à senhora para pedir a alguém que nos aguardasse. Você estava falando dele?

– Correto. E vou, agora mesmo, telefonar para ela e confirmar a nossa viagem.

Dizendo isso, Haroldo torna a falar com a mulher e combina o horário para encontrá-la. Desliga o telefone e volta a ter com o amigo, perguntando-lhe:

– A propósito, Otávio chegou a descrever esse Cláudio que ele diz ter visto? Sua aparência? Suas vestes? Ele pode ter-se enganado.

– Não. Nada me disse a respeito.

– E se falássemos com ele? Se ele nos disser que viu Cláudio trajado como um andarilho, poderíamos já ter uma ideia do sucesso de nossa viagem.

– Bem pensado.

– Quando poderemos falar com ele?

– Agora mesmo. Vamos até lá.

– Vamos, sim.

Ambos se levantam e Haroldo chama Ester para despedir-se de Nelson.

– Não aceita um café, Nelson?

– Fica para uma próxima oportunidade, Ester. Muito obrigado.

– Vamos até a casa de um amigo, Ester. Ah, sim. Amanhã, eu e Nelson faremos uma viagem. E teremos de dormir nessa cidade. Depois lhe explico.

* * *

Ao chegarem à casa de Otávio, são atendidos por Dona Silmara.

– Sabe, dr. Nelson, o senhor já esteve aqui conversando com ele em particular e não sei o que o senhor lhe prometeu, mas senti que se acalmou um pouco. Se foi um cargo, pode ter certeza de que seria o melhor caminho para a sua recuperação. Já lhe disse isso. Não é por causa do dinheiro, o senhor sabe. Trata-se de seu orgulho.

– Bem sei, dona Silmara, e fique tranquila que, quando ele se recuperar, lhe darei uma ótima promoção, mas agora, mais uma vez, gostaríamos de falar com ele a sós.

– Podem entrar. Façam o favor. Solange não se encontra e eu vou ter de ir ao supermercado. Demorarei o suficiente para que tenham tempo de conversar o quanto quiserem.

– Muito obrigado, dona Silmara.

Dizendo isso, a mulher ajuda o marido a se loco-mover até a sala de estar onde os dois já se encontram acomodados.

— Bom dia, dr. Nelson.

— Como se sente, Otávio?

— Sinto-me melhor, depois de nossa conversa. O senhor está cuidando daquilo?

— Bem, se me dão licença, vou ao supermercado – informa Silmara e sai da casa.

— Estou cuidando do assunto, sim, Otávio, e necessito de algumas informações suas. A propósito, este é meu amigo Haroldo. Lembra-se dele?

— Lembro-me, sim. Como vai, seu Haroldo?

— Tudo bem, Otávio.

— Otávio – diz Nelson –, penso que estamos na pista de Cláudio.

— Sabem onde ele se encontra? Preciso falar mais com ele. Vocês me levam?

— No momento, não, meu amigo, mas eu lhe prometo que, assim que você estiver melhor, nós o levaremos. Mas, como lhe disse, para que tenhamos certeza de que estamos na pista certa, necessitamos de algumas informações suas.

— O que querem?

— Você se lembra de como ele se trajava quando o encontrou?

– Como ele se trajava? Hum... deixe-me ver... bem, vestia uma roupa bem simples, pobre, mesmo, mas limpas.

– Parecia ser um andarilho? Essas pessoas que vivem a andar de cidade em cidade?

– Não sei. Ah, sim... esperem um pouco... lá no restaurante do posto, na estrada, próximo à cidade, quando o vi pela janela, parecia carregar alguma coisa nas costas. Podia ser uma mochila.

– Você tem certeza de ter visto, mesmo, algo como uma mochila com ele?

– Sim. Lembrando-me bem, posso afirmar que sim.

– Deve ser ele, Nelson – afirma Haroldo.

– Tomara que seja. Bem, Otávio, agora descanse um pouco. Assim que tivermos alguma notícia, lhe diremos.

– Quero falar mais com ele.

– Se realmente o encontrarmos, nós o traremos aqui ou o levaremos onde ele estiver.

– Que Deus os acompanhe.

– Você se sente melhor?

– Bem melhor. Com os medicamentos que estou tomando, e principalmente depois desta nossa conversa.

XVIII

A VIAGEM

No dia seguinte, Nelson e Haroldo partem para a cidade onde têm esperanças de encontrar Cláudio. A viagem é longa e somente deverão chegar por volta das dezessete horas, pois tiveram que sair um pouco além do horário que tinham programado.

– Estou angustiado e nervoso, Haroldo – confessa Nelson. – Não sei o que vou dizer a ele se realmente o encontrarmos. Já se passaram mais de trinta anos e imagino o que esse homem deve ter passado, se hoje não passa de um andarilho. Será que desde aquela época vive desse jeito? Pelo que me lembro, foi um ano difícil, com muito desemprego. Meu Deus, o que fui fazer!

– Não se martirize assim, Nelson. Pelo que Otávio lhe contou, ele o perdoou e à sua esposa, também.

– Mas é difícil. Sabe, Haroldo, como já lhe disse, desde as primeiras leituras, identifiquei-me muito com

Noal e fico a pensar: será que Otávio teria sido também um daqueles escravos? Lembro-me de que quando lhe pedi, na época, que prejudicasse Cláudio, ficou muito preocupado em ter de cumprir uma ordem dessas, mas assim que teve contato com ele, percebi estranha mudança em seu comportamento.

– Uma mudança?

– Sim. Percebi uma certa satisfação em fazer o que estava fazendo. Naquela época, pensei que seria pela promoção que havia lhe prometido, quando o vi titubear.

– É... de fato, a vida não dá saltos e, muitas vezes, o Espírito volta à carne ainda com mágoas no coração e desejos de vingança que teria de controlar a fim de elevar-se um pouco mais na escala evolutiva. Muitas vezes, apesar do esquecimento do passado, podem ocorrer aversões, de forma latente, contra um seu desafeto ou inimigo da vida anterior, mesmo não o reconhecendo e não se lembrando dele ou do fato ocorrido.

– E eu não consegui isso.

– Mas ainda é tempo, Nelson. A vida é eterna e, se for Cláudio, poderá ajudá-lo.

– Como desejo isso!

– A propósito, você me disse que, talvez, eu também fizesse parte dessa história. Por que pensa assim?

– Não sei... uma intuição... Lembra-se do último manuscrito em que Pai Sebastião diz que apenas Bento e Celestino têm-se dedicado ao trabalho de Jesus?

– Sim.

– Cláudio, com certeza, foi Celestino, e o perdão dele já significa que segue os passos de Jesus, e você já trabalha para Ele há muito tempo, dirigindo aquela casa espírita, tentando, inclusive, na época, impedir-me de cometer aquela maldade.

– Não sei, Nelson. Pode até ser. Sei lá.

– E também poderia estar ligado a tudo isso, pelo fato de esses manuscritos terem ido parar em suas mãos.

– Pai Sebastião também disse sobre o envolvimento de Mercedes.

– Agora tenho quase certeza de ela ter estado entre nós como Carmem, minha esposa. Afinal de contas, ela me apareceu e iniciou todo esse processo.

– Também penso assim, se partirmos desse princípio.

– Só não entendo uma coisa, Haroldo.

– O quê?

– Tudo mudou em minha vida a partir desses acontecimentos, desses manuscritos. Por que isso está acontecendo comigo? Por que Pai Sebastião está me ajudando dessa forma e, creio, que todos nós? Porque fico a pensar e a perguntar: por que o mundo espiritual não toma sempre providências desse tipo, no sentido de acelerar um processo evolutivo com os Espíritos encarnados? Enfim, ninguém se lembra do passado e penso também que raríssimos são os casos como o que nos está ocorrendo. Por quê?

– O esquecimento do passado, Nelson, como já

sabe, é uma dádiva para os Espíritos encarnados, senão não conseguiriam conviver uns com os outros sabendo o que lhes aconteceu em outra vida. Mas, pode crer que muitos são auxiliados sem o perceberem. Uns, por simples intuição, outros e, a maioria, por acontecimentos imprevistos que os fazem pensar de maneira diferente. Em seu caso, mais especificamente, talvez isso tenha ocorrido porque, além de Pai Sebastião poder ajudá-lo, o está encaminhando para um trabalho na divulgação da Doutrina Espírita, pois tenho certeza de que, após o desfecho de tudo, você se empenhará nesse trabalho.

– E vou me empenhar, sim, Haroldo. Quero investir na divulgação e tenho recursos suficientes para isso, além do que, meus filhos, certamente, continuarão nessa tarefa quando eu me for ou, simplesmente, não tiver mais condições para tanto.

– Já vi muitos casos assim, Nelson. Pessoas que se dedicam muito à divulgação da Doutrina de Jesus, terem sido previamente auxiliadas, inclusive na própria profissão, a fim de que tivessem condições financeiras para tanto. Não somente para investir financeiramente, como, principalmente, para ter condições de fácil sobrevivência para efetuar um trabalho.

– E alguns chegam a falhar?

– Oh, sim, muitos. Infelizmente, terão de responder por todo o tempo que a Espiritualidade dispensou a eles.

– Ainda temos muito tempo de viagem?

– Creio que pouco tempo, Nelson. Por quê?

– Gostaria de aproveitar esse tempo para algumas perguntas.

– A respeito de quê?

– A respeito de alguns fenômenos espíritas, pelos quais tenho curiosidade, mas que ainda não tive oportunidade de estudar.

– Pode perguntar. Se eu tiver condições de responder, o farei com muito gosto.

– Você poderia me explicar melhor como funciona o passe?

– Explico, sim; é muito simples e nada tem de espetacular. Acompanhe meu raciocínio. Você, talvez, deva saber que quando uma corrente elétrica percorre um fio condutor, forma-se ao redor deste um campo eletromagnético. Na verdade, é assim que se constroem os transformadores de força que possuem duas bobinas, ou seja, fios enrolados que são percorridos por uma corrente elétrica.

– Já estudei sobre isso. Tenho uma boa noção de eletricidade.

– Pois bem. Quando a eletricidade passa pelo fio enrolado do transformador, forma-se um campo magnético e esse campo magnético, ao interagir com uma outra bobina, sem contato físico, faz com que ocorra o inverso, ou seja, surge uma corrente elétrica a percorrer o fio dessa outra bobina. E assim, se bobinas com diferentes números de espiras se interagem, consegue-se modificar a corrente. Isso tudo é ciência. Certo?

– Sim. Estou entendendo.

– Muito bem. O que acontece é que, nós, Espíritos encarnados, possuímos um corpo mental, um perispírito e um corpo carnal, e que todos são constituídos por átomos que, por sua vez, são constituídos por elétrons, prótons, nêutrons e outras partículas que já estão sendo descobertas.

– Compreendo.

– Também sabemos que as células, que formam o nosso corpo, também são constituídas por átomos e que possuem em sua membrana plasmática, entre o seu interior e a sua parte externa, uma diferença de potencial que nada mais é do que eletricidade. Por consequência, o sangue, constituído por células eletricamente carregadas, percorre todo o nosso corpo através de veias e artérias, como se fosse a própria eletricidade a percorrer um fio. Nossos neurônios, que também existem em todo o nosso corpo, possuem também eletricidade. Dessa forma, como todos esses nossos corpos são constituídos dessa maneira, é evidente que, com toda essa movimentação elétrica, forma-se em todo o nosso redor, assim como no fio condutor, um campo eletromagnético. Esse campo é o que denominamos Aura.

– Sim.

– Existe um tipo de câmera fotográfica, chamada Kirlian, que fotografa essa Aura que, conforme o nosso estado mental, possui determinadas formas e cores. Quando estamos bem, essa nossa Aura possui um equilíbrio em sua vibração, pois tudo que possui vida possui essa vibração, como se fossem ondas. Agora, se estamos mal, no que tange à saúde física ou emocional, essa Aura passa a ter vibrações desencontradas e desequilibradas. E, tanto essas vibrações desequilibradas ou equilibradas, vão agir no ambiente em que vivemos, podendo atingir a Aura de outras pessoas, desequilibrando-as ou equilibrando-as, dependendo, por certo, do grau de elevação dessas mesmas pessoas. Está me entendendo?

– É por isso que, às vezes, chegamos próximo a pessoas que, pela simples presença, nos fazem sentir um certo desconforto ou, então, uma sensação de muita paz, não é?

– Isso mesmo. Agora vamos falar sobre o passe. O passe atua no perispírito e, por consequência, no corpo físico, através de centros de força, que se encontram ligados a determinados órgãos de nosso corpo. Os passistas, com suas mentes equilibradas, através da oração, podem fazer com que, à sua aproximação e mentalizando energias saindo de suas mãos, se reequilibre novamente a Aura daqueles que estão com ela em desequilíbrio, proporcionando-lhes calma, tranquilidade, o que, por certo, influenciará também os seus organismos físicos. O que ocorre é que esses médiuns recebem essas energias dos Espíritos incumbidos desse trabalho, através do centro coronário, localizado no alto de suas cabeças. Por certo, uma pessoa que receba um passe deve, em seguida e, aproveitando essa verdadeira "injeção" de ânimo e bem-estar, procurar detectar e modificar certas atitudes físicas ou mentais para que possa sarar e não mais voltar a ter problemas de desequilíbrio ou de dor. E a receita para isso é muito simples: seguir os ensinamentos de Jesus.

– Muito boa sua explicação, Haroldo.

– Agora, o passe pode também ser realizado apenas com boas intenções, com os bons pensamentos daqueles que cercam a pessoa necessitada e também por atitudes que tornem a vida dessa pessoa bastante tranquila. Uma mãe ou um médico à cabeceira de um filho ou de um doente, se com o coração voltado para o amor em direção a esse paciente, já lhe estará ministrando um passe.

– E pelo que entendi, somente o passe não adianta, não é? A pessoa tem de se modificar, mesmo porque, se somente o passe fosse suficiente, o que seria da maioria que não os toma?

– Com toda certeza. Existem muitas e muitas criaturas que nem sabem que existe o passe e são muito melhores do que muitas que vivem a tomá-lo. Certa vez, li uma história num livro que mostrava bem isso. Você quer ouvi-la?

– Gostaria, sim.

– Certa feita, um homem, sentindo muita dor na região abdominal, procurou um especialista que, após fazê-lo passar por alguns exames, detectou a causa. Disse-lhe, então, o médico, que o seu problema tinha causas na má alimentação que fazia. Passou-lhe informações de como deveria ser a sua alimentação, na verdade, para o resto de sua vida. Na verdade, uma dieta. E para que ele já tivesse um pouco de alívio, lhe receitou três injeções a fim de livrá-lo da dor. E disse-lhe que tomasse as injeções e fizesse a dieta rigorosamente para que nunca mais tivesse dores. Muito bem. Imaginemos, agora, que esse paciente tem três opções ou sejam: se ele tomar as injeções e fizer a dieta, nunca mais terá dores; se ele tomar as três injeções, mas não fizer a dieta, com certeza, assim que passar o efeito do medicamento, voltará a sentir dores; e, finalmente, se ele aguentar as dores, não tomar as injeções e fizer a dieta, não mais sofrerá com elas. Do que se depreende que com o passe ocorre a mesma coisa. Basta compararmos o passe com as injeções e a dieta com os ensinamentos de Jesus. Não adianta apenas tomar passes e não seguir as diretrizes de comportamento ensinadas por Jesus. Mas, bastará segui-las para sermos felizes.

– História muito interessante.

– E o tempo passou, Nelson, e já estamos chegando.

***

Entram na cidade e, estacionando numa rua de entrada, Haroldo apanha seu telefone celular e liga para dona Elza.

– Alô?

– Dona Elza? Aqui é Haroldo. Acabamos de chegar.

– Boa tarde, Haroldo. Fizeram boa viagem?

– Muito boa, dona Elza. Onde poderemos encontrá-la?

– Estou aqui no Centro Espírita, mais precisamente no albergue. Estamos preparando a refeição de hoje. Vocês poderão vir até aqui. Anote o endereço.

– Já estou anotando.

– Vou lhe explicar como chegar facilmente.

A senhora explica, então, qual o melhor caminho para irem até ela e os pontos de referência em que poderão se basear no trajeto.

– Obrigado, dona Elza. Dentro em breve estaremos aí.

Haroldo dirige por várias ruas até chegar ao Centro. Descem, tocam uma campainha e é a própria Elza quem vem recebê-los. Após os cumprimentos, a mulher os leva até uma grande cozinha, serve-lhes um pouco de café e lhes informa:

– Vocês querem conhecer Cal, ou Cláudio, não?

– Isso mesmo, senhora – responde Nelson, ansioso. – Ele está aqui?

– No momento, não. Mas já o avisei de que seu Haroldo gostaria de conhecê-lo e ele concordou e, logo mais, virá aqui para tomar sua refeição. Ainda permanecerá aqui por mais um dia, dormindo no albergue. Estes dias nos encontramos muito ocupados porque estamos com uma Feira do Livro Espírita na praça principal da cidade e isso nos toma muito tempo.

– Posso imaginar, dona Elza – comenta Haroldo.

A mulher continua, juntamente com outros voluntários, a colocar legumes num enorme tacho, juntamente com outros ingredientes para a comida da noite.

– Dona Elza, gostaria de lhe fazer uma pergunta – diz Haroldo.

– Pois não.

– A senhora conhece a história desse andarilho chamado Cláudio?

– Conheço muito pouco. Aqui no albergue, poucos são os que gostam de contar a sua própria história. E não perguntamos, também. Somente conhecemos as dos que nos contam espontaneamente.

– E o que a senhora sabe a respeito dele? – pergunta Nelson.

– Como já disse, muito pouco. Apenas que seus negócios faliram e nunca mais conseguiu se reerguer na vida. Acabou na miséria e não tinha parentes a quem recorrer e os poucos amigos lhe fecharam as portas. Aliás, já vi muitos desses casos passarem por aqui. Outros, por desilusão amorosa. Outros por causa da bebida. Enfim, são criaturas muito necessitadas. No caso do Cláudio, ele não bebe e quando ainda tinha uma vida normal, era espírita e detém muito conhecimento da doutrina, tendo sua mediunidade desabrochada apenas há poucos anos. E, vez ou outra, nos traz algumas mensagens muito esclarecedoras de Espíritos evoluídos. Muitas delas, chegamos a imprimir e distribuir aqui no Centro para os frequentadores. E há pouco tempo nos trouxe um texto que nos pareceu ser o início de um livro. Por esse motivo o enviei a Haroldo para que o examinasse e combinei com Cláudio que passasse a lhe remeter os próximos. Até lhe dei algum dinheiro para lhe custear as despesas do Correio.

– E como ele está sempre andando, cada manuscrito vinha de uma cidade diferente.

– Exato.

– É ele, Haroldo! – afirma Nelson, emocionado. – Só pode ser.

– Pelo que entendi pelo seu telefonema, seu Haroldo, o senhor me disse que seu Nelson imagina conhecer Cláudio. Mas o que o faz pensar assim?

– Trata-se de uma longa história e tem muito a ver com aqueles manuscritos.

– Ah, sim. Ontem conversei com ele e me disse que, junto com o último que lhe enviou, mandou-lhe uma carta dizendo pensar que não mais escreveria sobre aquele assunto, e que tinha tido a intuição de que o que escrevera era apenas um recado. Só que não sabia para quem ou para quê.

– Isso mesmo. E a senhora lhe disse que eu traria um amigo que imaginava conhecê-lo?

– Não lhe disse nada, seu Haroldo, porque não sei se ele os esperaria sabendo disso. Disse-lhe apenas que o senhor queria conversar com ele a respeito do que ele escreveu. O senhor me desculpe, mas fiz o que achei melhor.

– Não precisa se desculpar, dona Elza. A senhora fez bem.

– Já está quase na hora, não, dona Elza?

– Oh, sim. Maria, por favor, destranque a porta de entrada. Daqui a pouco começarão a chegar.

– Pois não, dona Elza.

Mais alguns minutos se passam e começam a chegar os primeiros necessitados que irão fazer a refeição. Nelson não consegue esconder sua ansiedade, procurando ver, em cada uma daquelas pessoas, algum traço que o fizesse se recordar de Cláudio. Dona Elza percebe e procura tranquilizá-lo:

– Não se preocupe, seu Nelson. Assim que ele apontar naquela porta eu o avisarei.

Mais dez minutos se passam e Nelson começa a ficar mais angustiado.

– Será que ele não vem? – pensa.

Nelson se distrai por alguns segundos e, quando volta a prestar atenção na entrada, vê dois homens parados, conversando, estando um de costas.

– Lá está ele, seu Nelson. Aquele, de costas.

Nelson apura o olhar, tentando reconhecê-lo pelas costas.

– Será ele, Nelson? – pergunta Haroldo.

– Não sei...

Nisso, Cláudio se vira e caminha em direção a dona Elza, que se encontra próxima aos dois.

Nelson fixa mais os olhos no homem, tentando reconhecê-lo, mas a frustração é patente em sua fisionomia e na de Haroldo..

– Boa tarde, dona Elza – cumprimenta.

– Boa tarde, Cal. Este é seu Haroldo para quem você enviava os manuscritos.

– Muito prazer.

– E este é dr. Nelson, amigo dele.

– Como vai o senhor?

– Tudo bem – responde Nelson, sem conseguir disfarçar enorme amargura no olhar.

– Os senhores querem falar comigo?

Nelson permanece mudo e é Haroldo quem lhe responde:

– Sim, Cláudio, mas pode se alimentar primeiro. Após a refeição, se nos puder atender...

– Podemos conversar, sim. Se quiserem, poderemos falar agora mesmo.

– Jante primeiro, Cal – pede dona Elza.

Cláudio, então, pede licença e dirige-se até uma das mesas e senta-se.

– É ele, dr. Nelson? – pergunta a senhora.

– Infelizmente, não. Estava tão esperançoso...

– Sinto muito.

– De qualquer maneira, dona Elza – diz Haroldo –, gostaria de conversar com ele.

– Vocês não querem aproveitar e comer, também?

– Muito agradecido – responde Nelson. – Estou sem fome. Se você quiser, Haroldo...

– Não, não. Jantaremos depois, num restaurante da cidade. Não acho conveniente, pois também temos um albergue em nosso Centro e o que sobra de comida é distribuída para os frequentadores, no final da refeição. Muitas vezes será o almoço deles, no dia seguinte. Nós aguardaremos.

E permanecem sentados esperando que Cláudio termine de jantar.

– Não fique triste, Nelson. Quem sabe, conseguiremos extrair alguma coisa desse homem. Vamos, mentalmente, fazer uma prece pedindo a Pai Sebastião, se estiver presente, que nos ajude, através da mediunidade de Cláudio, com alguma pista sobre o destino de nosso outro Cláudio.

– Que coincidência, não, Haroldo? Os dois terem o mesmo nome.

– É verdade.

Os homens, então, cerram os olhos e fazem sentida prece solicitando auxílio.

***

– Podemos conversar agora – diz Cláudio, aproximando-se dos dois, após algum tempo. Nesse momento, quase todos já estão se retirando do recinto.

– Não querem ir para uma sala, a fim de ficarem mais à vontade, Haroldo?

– A senhora é quem sabe, dona Elza.

– Vou levá-los. Por favor, me acompanhem.

Dona Elza os encaminha até um pequeno cômodo

onde, normalmente, é realizado o primeiro contato com os necessitados que ali vêm pela primeira vez, a fim de ser realizada uma entrevista e o preenchimento de uma ficha pessoal. Haroldo senta-se por detrás de uma escrivaninha, Nelson, num de seus extremos, e Cláudio, à frente.

– Imagino que queira falar comigo a respeito dos escritos que lhe enviei, não?

– Isso mesmo, Cláudio. Aliás, um bom material, tanto que imaginei que deles fosse surgir um livro.

– Também pensei isso – confessa o andarilho. – Mas quando psicografei o último que lhe enviei, senti enorme intuição, chegando mesmo a ouvir uma voz dentro de meu cérebro, imagino que de Pai Sebastião, que me dizia que ali terminava aquela tarefa. Que não era um livro, como eu pensava, mas, simplesmente, uma mensagem para algumas pessoas e que esse trabalho já estaria sendo muito bem assimilado por elas. Cheguei até a ouvir, bem de longe, um "Deus lhe pague".

– Bem, Cláudio, nós achamos que fomos alguns dos personagens daquele relato e que um deles foi prejudicado por mim nesta vida – explica Nelson, com os olhos lacrimejantes. – E chegamos a pensar que ele seria você, já que não mais temos notícias dele há muitos anos. Penso até que ele tenha desencarnado. Você poderia nos ajudar em alguma coisa? Talvez, um novo contato com Pai Sebastião, uma nova mensagem, quem sabe...? Já cheguei, por diversas vezes, a ter contato com ele, durante o sono, mas nunca me falou nada a respeito.

O homem permanece por alguns instantes pensativo e responde:

– Não sei lhe dizer, doutor. Mas penso que o senhor não deva se preocupar muito com isso. O senhor sempre foi espírita?

– Não, não. Há pouco tempo passei a me interessar.

E Nelson relata tudo o que lhe aconteceu e vem lhe acontecendo, auxiliado em alguns detalhes por Haroldo, até o fato de ter encontrado alguém enterrado com aquele nome e ter sido registrado num cemitério com os documentos pertencentes a ele, mas que um seu amigo o viu, tocou-o, falou com ele e não acredita que tenha sido uma visão, porque outros também o viram.

– Pois torno a lhe recomendar que não deve se preocupar muito com isso. Sei que o senhor gostaria de encontrá-lo para reparar algo que lhe fez, que não sei o quê, e não precisa me contar, mas existem outras maneiras de se reparar um mal.

– Como assim?

– Quando necessitamos reparar um mal que fizemos contra alguém e não temos mais como fazê-lo, por um motivo ou outro, podemos reparar esse mal através de nosso auxílio a outros necessitados, sempre o fazendo em nome daquela pessoa, como se fosse ela a fazê-lo; em sua intenção, me entende?

– Compreendo sim, Cláudio.

– Deus espera que nós nos modifiquemos para melhor e um arrependimento já é um grande passo dado, mas, torno a repetir, se não podemos reparar junto a um nosso credor, Deus espera que não nos abatamos com isso, e, sim, que trabalhemos no bem e que, se quisermos ter um pouco de paz em nossa consciência, que o façamos, vendo em cada criatura auxiliada, a figura daquele a quem prejudicamos.

– Muito boa essa sua colocação e essa sua sugestão – diz Haroldo. – Realmente, Deus espera que não nos acomodemos em nosso sofrimento e que utilizemos esse tempo em ações de caridade.

– Vou seguir essa sua recomendação, Cláudio, mas não vou desistir de continuar minha busca.

– Bem, vou fazer uma prece, antes de dormir, rogando algum auxílio aos Espíritos no sentido de que, se possível, Pai Sebastião utilize minha mediunidade, ditando-me mais alguma mensagem. Quem sabe?

– Por favor – pede Nelson –, faça isso e lhe serei eternamente grato.

– E quando poderemos ter uma resposta, se algo ocorrer, quero dizer, se você escrever alguma coisa? – pergunta Haroldo.

– Bem, amanhã, de manhã, estarei aqui até as sete horas, que é o horário de sairmos do albergue.

– Tudo bem. Iremos passar a noite em algum hotel da cidade e, logo de manhã, retornaremos aqui.

– Combinado, então.

Cláudio vai para o albergue e Haroldo e Nelson despedem-se de dona Elza, que lhes indica um hotel e os convida a irem até a Feira do Livro Espírita, pois, logo mais, ela lá estará.

XIX

O REENCONTRO

Duas horas atrás, Agenor, após responder a perguntas que lhe foram dirigidas, atende a uma senhora muito angustiada com a perda de um filho, moço de apenas dezenove anos, morto em acidente de trânsito.

– Estou desesperada, seu Agenor. Não sei o que será de mim sem meu único filho. Sua falta é uma dor enorme em meu coração. O que o senhor poderia me dizer que me consolasse?

– Em primeiro lugar, dona Amélia, devo lhe dizer que a senhora está causando um grande desconforto e, mesmo, grande sofrimento a ele.

– Estou lhe causando um sofrimento?

– Com toda a certeza.

– Mas como?

– Como a senhora o imagina no verdadeiro plano da vida?

– Bem... meu filho era um moço muito bom, não tinha vícios, era muito estudioso, gentil, até trabalhava como voluntário numa casa espírita e só posso crer que ele tenha sido bem recepcionado pelos Espíritos, apesar de eu não ser muito versada no Espiritismo. Meu filho, sim.

– Muito bem. Pelo que a senhora acabou de descrevê-lo, também creio que ele esteja muito bem, porém, poderia estar muito melhor.

– Como assim, seu Agenor?

– Vamos fazer um pequeno exercício de imaginação, dona Amélia. Imagine-se desencarnada e muito bem atendida.

– Pois eu preferia, mesmo, estar no lugar dele.

– Esqueça isso. É ele quem se encontra lá. Agora, imagine-se.

A senhora permanece alguns segundos em silêncio.

– Imagine, também, que a senhora se encontra entre amigos, parentes, e outros tantos Espíritos que, mais evoluídos, a estão encaminhando nessa nova vida que, diga-se de passagem, para os bons, como a senhora ou seu filho, é bem melhor que a daqui, na Terra. Agora, imagine também, que a senhora, estando do lado de lá, deixou aqui o seu filho que, com todo o conhecimento que a Doutrina Espírita lhe proporcionou, se encontra muito bem, continuando com seus estudos, com seu trabalho voluntário, enfim, em paz e sempre orando pela senhora para que também se saia bem no plano verdadeiro da vida. Como a senhora se sentiria?

– Creio que me sentiria muito bem do lado de lá e muito feliz em ver meu filho continuando a sua vida do lado de cá, como o senhor disse, estudando, trabalhando e orando por mim, sinal que me ama.

– Muito bem, dona Amélia. Que felicidade, não?

– Muita, a não ser a saudade de sua presença física, mas certa de que um dia eu ainda iria me encontrar com ele.

– E que, de lá, após cumprir alguma etapas de esclarecimentos e aprendizado, poderia vir à Terra para auxiliá-lo quando isso fosse possível, através da intuição, da inspiração, não é?

– Isso mesmo.

– Infelizmente, isso não está ocorrendo com seu filho até o presente momento.

– Já estou entendendo, seu Agenor. Ele deve estar sofrendo com o meu sofrimento.

– Isso mesmo. Como a senhora acha que ele está se sentindo vendo-a sofrer desse jeito? Será que ele está tendo a tranquilidade suficiente para poder seguir o seu caminho?

– Realmente, não deve estar. Ele me amava muito.

– Amava, não. Ama a senhora. Portanto, dona Amélia, coloque um sorriso no rosto e ajude-o com preces de muito amor, enviando-lhe, através de palavras e pensamentos, vibrações de muito ânimo, dizendo, mesmo, a ele, que apesar da distância, a senhora está com ele em todos os minutos da vida. E procure trabalhar em benefício dos outros, dos necessitados, em seu nome. Ele era voluntário, não era?

– Sim.

– E a senhora?

– Frequentava o Centro Espírita apenas para tomar passes, mas não fazia nenhum trabalho desse tipo.

– Então, dona Amélia, assuma o que ele fazia ou, se não houver a possibilidade, faça algo em prol dos necessitados a fim de suprir a sua falta, a fim de substituir as suas operosas mãos, atendendo ao chamado de Jesus.

A mulher começa a chorar de emoção e alegria.

– Deus lhe pague, seu Agenor, por suas palavras.

– Seja as mãos de seu filho aqui na Terra e tudo será alegria para a senhora e para ele.

– Deus lhe pague, mais uma vez. Vou para casa com o coração transbordando de felicidade.

※※※

Agenor atende mais algumas pessoas até que, por volta de vinte horas e trinta minutos, dona Elza, chega e, aproximando-se dele, pede para lhe falar em particular. Dirigem-se, então, até um canto oposto da praça e sentam-se em um banco do jardim.

– Seu Agenor, gostaria que me fizesse um favor.

– Pois não, dona Elza. O que a senhora quiser.

– Gostaria que me contasse mais detalhadamente o que o fez entrar nessa vida de andarilho que leva. O senhor me falou que teve de vender tudo o que tinha para saldar suas dívidas por causa de uma crise financeira.

– Isso mesmo.

– Poderia me falar sobre o que ocasionou essa crise financeira?

– Por que a senhora quer saber?

– Porque estou com um pressentimento... confie em mim.

– Está bem, vou lhe contar. Como já lhe disse, anteriormente, aos vinte e seis anos, já formado numa escola superior, passei a trabalhar com papai em sua pequena indústria tomando para mim, aos poucos, a administração dos negócios. Foi quando perdi meus pais. Passei, então, a trabalhar bastante, tendo em vista a ausência deles. Depois de alguns anos, conheci uma moça por quem me apaixonei e começamos a nos conhecer melhor, através de um sério namoro. E nossa pequena fábrica começou a desenvolver-se cada vez mais, pois havia fechado um expressivo negócio com uma grande empresa, a qual passou a ser a única que eu atendia, tamanha a quantidade de serviços que me direcionava. Tudo estava indo às mil maravilhas, até que conheci o proprietário dessa indústria numa feira de empresários do ramo, onde estive com minha namorada. Fui apresentado a ele e, já, nesse nosso primeiro encontro, senti algo estranho.

– Algo estranho?

– Sim. Não sei o porquê, mas senti medo dele.

– Medo?

– Isso mesmo. Parecia-me que já o conhecia, e tenho certeza de que ele deve ter sentido a mesma coisa, pois teve uma reação um tanto defensiva para comigo e, mesmo, se posso assim definir, antipática. Porém, o mesmo não ocorreu quanto à minha namorada, por quem se desdobrou em atenção e gentilezas.

– Lembranças de outra ou outras vidas?

– Penso que sim. Mas vou procurar ser mais conciso, dona Elza.

– Fique à vontade, seu Agenor.

– Bem, tudo aconteceu rápido demais. Esse empresário, de repente, sem nenhuma explicação, sem nenhuma justificativa, da noite para o dia, através de um seu funcionário, que se mostrou bastante rude para comigo, cancelou todos os serviços que a ele minha firma prestava. Tentei lhe falar, mas negou-se a me receber, dizendo ter sido uma decisão de diretoria e que não pretendia voltar atrás.

– Meu Deus...!

– Fiquei desesperado e passei a procurar antigas empresas para as quais prestava esse tipo de serviço, mas nenhuma retornou trabalho para a nossa firma, justificando já terem contratos com outras prestadoras. Enfim, não tinha mais serviço e eu possuía muitos empregados que dependiam daquele emprego.

– Continue...

– Algo estranho também aconteceu. Antes da decisão desse empresário, minha namorada terminou com o nosso namoro, também sem muitas explicações, somente alegando que eu trabalhava demais, sem muito tempo para ela e que iria repensar esse nosso relacionamento. E, depois vim a saber que ela o estava namorando.

– Terá sido ela a causadora desse cancelamento do serviço?

– Penso que não, dona Elza. Não teria motivos para isso. E penso, até, que foi ela quem me ajudou a sair do impasse do desemprego a que meus funcionários seriam submetidos, porque num aparente ato de piedade, o empresário, agora seu namorado, enviou-me uma proposta de compra da fábrica, desde que eu arcasse com todos os encargos trabalhistas com meus funcionários, prometendo contratá-los assim que fossem dispensados.

– E era muito dinheiro? Quero dizer, esses encargos?

– Não, porque, na verdade, não eram muitos, mas eu tinha diversos compromissos com matéria prima, enfim, o que me foi oferecido era pouco para que eu pudesse saldar todas as dívidas que ainda estavam em aberto e em meu nome. Mas era pegar ou largar.

– E o senhor concordou...

– Não tive outra saída, tendo, inclusive, de vender a casa onde morava para poder honrar todos os meus compromissos.

– Meu Deus! E não lhe sobrou nada?

– Muito pouco, dona Elza. O bastante para viver por um mês em uma pensão. Também recebi um pequeno auxílio, em dinheiro, de meus próprios funcionários. Até mesmo alguns queriam hospedar-me em sua casa, mas não poderia invadir a privacidade familiar de qualquer um que fosse. Tentei arrumar um emprego, mas o tempo foi muito curto e o dinheiro acabou logo. Depois, a rua, porém com a consciência tranquila. E o resto a senhora já sabe porque já lhe relatei.

– Sei.

– Mas por que a senhora queria saber sobre isso?

– É que estou tendo um palpite.

– Um palpite?

– Sim. Seu Agenor, qual o seu nome completo? Esse palpite tive há poucos instantes e não cheguei a examinar a sua ficha lá no albergue.

– Bem, quando me transformei em um andarilho, resolvi usar meu segundo nome, talvez até, na época, uma maneira de me isolar um pouco mais.

– E qual é o seu primeiro nome, ou seja, o nome pelo qual era conhecido quando ainda era um empresário?

– Meu primeiro nome é Cláudio.

– Cláudio?!

– Sim. Cláudio Agenor.

– Não lhe disse que tinha um palpite?

– Não estou entendendo...

– Prepare-se, seu Agenor. Creio que terá uma grande surpresa esta noite. E tenho certeza de que será uma surpresa muito emocionante e muito feliz porque, pelo que já o conheço...

– E não pode me dizer?

– Logo, logo, verá.

Dona Elza, então, olha para os lados da Feira e diz:

– Seu Agenor, fiquemos mais um pouco aqui. Gostaria de lhe fazer mais algumas perguntas. Pode ser?

– Sim.

***

– Vamos dar uma olhada na Feira do Livro Espírita, Nelson? – pergunta Haroldo, após terem-se acomodado em um hotel e após o jantar.

– Não estou com muita vontade, Haroldo. Vá você. Preciso descansar um pouco – responde Nelson, desanimado.

– Não pretendo me demorar muito lá, Nelson. Venha comigo.

Nelson faz expressão de cansado, mas acaba concordando.

– Está bem, vou com você.

– Isso, Nelson. Ânimo! E na volta, antes de dormir, gostaria que fizéssemos uma prece rogando ao Alto para que Cláudio possa receber alguma mensagem de Pai Sebastião.

– Vamos lá, então.

Dirigem-se até a praça da cidade, onde se encontra instalada a Feira.

– Dona Elza já chegou? – pergunta Haroldo a um dos jovens atendentes.

– Chegou, mas saiu um pouco com seu Agenor para conversarem. Logo estará de volta. O senhor quer falar com ela ou com seu Agenor?

– Já estive com ela, hoje à tarde, no albergue e ela me disse que estaria aqui à noite.

– E o senhor? – pergunta o atendente a Nelson. – Vai esperar seu Agenor?

– Não, não. Estou com ele.

– Oh, sim, desculpe-me. Mas fiquem à vontade. Podem folhear os livros.

No mesmo instante, mais duas pessoas se aproximam do jovem e lhe perguntam por Agenor.

– Ele saiu um pouco com dona Elza, mas já vai voltar.

– Parece que há muita gente querendo falar com esse tal de Agenor, Haroldo. Quem será esse homem?

– Pelo jeito deve ser alguém que realiza o atendimento fraterno.

– Atendimento fraterno?

– É o nome que damos a um serviço que quase todos os Centros Espíritas possuem, que é o de atender as pessoas que necessitam de um esclarecimento à luz do Espiritismo.

– Ah, sei.

Nesse momento, dona Elza volta o olhar para a Feira e vê que Haroldo e Nelson lá se encontram. Não que consiga lhes ver o rosto, mas os reconhece pelo porte, e pede a Agenor:

– Por favor, me aguarde um pouco aqui. Já volto.

– A senhora vai até a barraca da Feira?

– Vou, mas gostaria que me esperasse aqui porque ainda quero lhe falar e não pretendo que alguém o prenda lá com alguma pergunta.

– Eu a aguardo.

Dona Elza levanta-se e, apressando os passos, logo chega até os visitantes.

– Seu Haroldo, dr. Nelson – chama-os.

– Dona Elza, como vai?

– Vou muito bem. Estão gostando de nossa Feira?

– Sim – responde Haroldo –, muito bem montada e com uma grande variedade de títulos.

– Bem, gostaria de lhes propor algo.

– E o que é?

– Penso que será uma surpresa.

– Uma surpresa?

– Espero estar certa.

– Certa? Não estou entendendo.

– Gostaria que vocês se dirigissem até o Centro Espírita e me aguardassem lá. Vou em seguida.

– Até o Centro? – pergunta Nelson.

– Isso mesmo.

– E preparou uma surpresa para nós?

– Não percamos tempo e façam o que lhes peço.

– Está bem, está bem. Já estamos indo. Apenas vamos apanhar o carro.

E os homens se dirigem até o hotel, solicitam o automóvel que se encontra no estacionamento e partem.

– Que surpresa será essa? – pergunta Nelson, a caminho do Centro.

– Não faço a mínima ideia.

– Será que Cláudio psicografou alguma mensagem de Pai Sebastião?

– Será? Meu Deus, pode ser. Dona Elza disse que queria nos fazer uma surpresa e estava tão eufórica com isso.

– Pise fundo, Haroldo.

E os amigos seguem com o coração nas mãos, como se diz popularmente.

Quando lá chegam, são recepcionados por uma senhora que os encaminha para aquela mesma sala onde conversaram com Cláudio, dizendo-lhes que dona Elza lhe telefonara e lhe pedira que assim o fizesse. Aguardam alguns minutos até que Elza surge à porta. Parece nervosa, agora.

– Estamos prontos, senhora. Qual a surpresa? – pergunta Haroldo, tão ansioso quanto Nelson.

– Por acaso, Cláudio recebeu uma mensagem? – pergunta o outro.

– Não sei se recebeu. Só vou vê-lo amanhã, pela manhã.

Mais uma vez, a frustração se abate sobre o homem.

– Por favor, não sei se estou certa, e, se não estiver, me perdoem.

– Mas que mistério é esse?

A mulher afasta-se um pouco, saindo a poucos metros da sala e diz:

– Por favor, seu Agenor. Gostaria que entrasse aqui.

O andarilho obedece e entra na sala.

– Cláudio?! – quase grita Nelson, não acreditando no que vê, tendo-o reconhecido no mesmo instante, assim como Haroldo, que não se mexe, deixando que o amigo tome a iniciativa.

– Doutor Nelson?! Haroldo?! – exclama, por sua vez, Agenor.

– Cláudio... oh, meu Deus, quanto Lhe agradeço

por este momento. Cláudio, deixe-me tocar em você. E lhe peço perdão – arremata, emocionado, ajoelhando-se aos pés do andarilho.

– Por favor, levante-se. Por favor – diz Agenor, tomando Nelson pelos braços, ajudando-o a ficar em pé. – Nada tenho a lhe perdoar, meu irmão. Nada tenho a lhe perdoar.

– Mas quero ouvi-lo dizer que me perdoa.

– Tudo bem – concorda, também emocionado. – Eu o perdoo, mas com uma condição.

– Que condição? Diga o que quer e eu lhe farei o que me pedir.

– Sente-se aqui, por favor – pede Agenor, ajudando Nelson a se sentar em uma cadeira –, e acalme-se. Só tenho uma condição.

– Diga, por favor.

– Antes – interrompe Haroldo, – deixe-me lhe dar um abraço, Cláudio.

E abraça aquele a quem conheceu quando moço e que, agora, o via como um velho, mas impressionado com o brilho saudável de seus olhos e com a mansuetude de seu olhar. E lhe pede, indicando-lhe uma cadeira, bem à frente de Nelson:

– Sente-se aqui, sente-se aqui.

– Que condição, Cláudio? – insiste o homem.

– Com a condição de que me perdoe, também.

– Eu perdoá-lo? Perdoá-lo de quê? Eu fiz um grande mal a você.

– Sabe, dr. Nelson, a vida não tem acasos e, com o tempo, pude perceber que o que você me fez, foi algo que só poderia ter um motivo muito forte.

– Hoje eu não faria isso.

– Sei disso, também. Mas, naquela época, ainda moço, talvez não tenha conseguido resistir.

– Do que está falando?

– Falo que, pelo que me fez, somente poderia estar movido por um sentimento muito forte de mágoa para comigo. Um sentimento que ultrapassa as barreiras do esquecimento do passado e que vem latente no coração de muitos Espíritos reencarnados. E somente o fez porque, com certeza, eu devo lhe ter cometido um mal ainda maior em uma outra vida. Você entende estas minhas palavras?

– Ele entende, sim, Cláudio – responde Haroldo. – Nelson, hoje, é espírita. E você está certo. Possuímos uns manuscritos psicografados que nos revelam que vivemos juntos uma vida muito difícil nos tempos da escravidão. Você poderá lê-los e entenderá tudo.

– Tenho certeza que sim, mas que manuscritos são esses?

Haroldo explica tudo a Agenor e este lhe revela:

– Penso que, talvez, esse Pai Sebastião seja o Espírito que tem me auxiliado muito nessa pequena tarefa que desempenho.

Nesse instante, Nelson fixa o olhar num ponto ao lado do andarilho.

— Meu Deus! – exclama.

— O que foi, Nelson? – pergunta-lhe Haroldo.

— Eu o estou vendo e ele se encontra com as duas mãos sobre os ombros de Agenor.

— Estou sentindo a sua presença e suas mãos em meus ombros.

— Ele sorri, muito feliz e meneou a cabeça afirmativamente quando você disse imaginar que ele é o Espírito que o auxilia.

— Estou emocionada! – confessa dona Elza.

Nelson, por sua vez, começa a chorar copiosamente e, com a voz entrecortada por soluços, revela:

— Agora, é Carmem que chega.

— Carmem?! – pergunta Agenor.

— Sim, ela também quer que você a perdoe, apesar de ter sido muito feliz comigo e com os filhos que temos.

— Tenho certeza disso, Nelson. E responda a ela da mesma forma, perguntando-lhe se ela pode me perdoar pelo mal que lhe causei no passado.

— Ela também está muito feliz e apoia sua cabeça no peito de Pai Sebastião que, como se fosse uma filha, afaga-lhe, carinhosamente, os cabelos. Muito obrigado, meu Deus, por este momento. Agora, eles estão se indo e nos acenando.

Haroldo toma a palavra, dirigindo-se ao andarilho.

– Agora, Agenor, você precisa auxiliar uma outra pessoa.

– Quem?

– Lembra-se de Otávio? – pergunta-lhe Nelson.

– Otávio...? Penso que sim. Acho que foi com ele que me encontrei há pouco tempo. E ele pediu-me que o perdoasse.

– É por isso mesmo, Agenor. Penso que ele trazia esse remorso no coração e, a partir do dia em que o viu, adoeceu. E quer vê-lo. Poderemos levá-lo até ele?

– Posso ir, sim. Tenho de ficar aqui até domingo. Depois, estarei livre.

– A propósito, Agenor, encontrei alguém sepultado em um cemitério da capital com o seu nome, com o número de seu documento e consegui a informação de que essa pessoa, que pensei tratar-se de você, havia desencarnado, vítima de um atropelamento. Não entendo.

Agenor pensa um pouco e responde:

– Bem, talvez eu possa esclarecer. Pelo menos, pelo que consigo imaginar. Logo que comecei esta minha peregrinação pela vida, fui roubado, inclusive meu documento de identidade. Assim que pude, fui até a capital e, como tinha uma cópia, consegui facilmente uma segunda via. Penso que esse infeliz que foi atropelado estava com o original e o sepultaram com o meu nome e minha documentação.

– Só pode ser isso.

Nelson se levanta, abraça Agenor com muito carinho e lhe diz:

– Agenor, essa sua vida de andarilho chegou ao fim. Você irá comigo e eu lhe darei casa, dinheiro, tudo o que você desejar. Sei que isso não irá pagar todo o sofrimento que lhe causei, mas, enfim, gostaria que me permitisse essa pequena compensação.

– Eu agradeço muito, Nelson, mas gostaria de continuar com esta minha vida do jeito que a levo. Na verdade, penso que o que me aconteceu foi uma verdadeira bênção, porque, apesar das dificuldades iniciais, acabei me acostumando e pude, durante todo esse tempo, auxiliar muita gente, com conselhos, explicações, consolo, através de palavras que, apesar de brotarem de meus lábios, tinha plena convicção de que vinham de um Espírito muito elevado que, algumas vezes, cheguei a vislumbrar. E era, realmente, um preto velho. E hoje, com essa revelação, através dos manuscritos e com a sua visão desta noite e sua confirmação, sei que se tratava de Pai Sebastião.

Agenor faz ligeira pausa e pede à senhora:

– Dona Elza, gostaria também de conversar com Cláudio, esse outro andarilho espírita e médium.

– Amanhã mesmo o apresentarei a ele.

– Gostaria tanto que aceitasse a minha ajuda, Agenor – diz Nelson, em súplica.

– Quero continuar com o que faço, meu irmão,

mas lhe prometo que, se porventura, me vir em grande dificuldade, o procurarei.

– A mim e aos meus filhos. Quero apresentá-lo a eles.

– Eles nada sabem a meu respeito, não? Ou sobre o que nos ligou nesta atual encarnação...

– Não, nada sabem.

– E nada devem saber, Nelson. Isso é um assunto só nosso e é passado. Vamos esquecer e eles não precisam saber de nada.

– Deus lhe pague também por isso, Agenor.

– Então, na próxima segunda-feira poderemos vir buscá-lo.

– Podem, sim.

– E depois...

– Depois, volto à minha vida normal.

Dona Elza olha com muito carinho e respeito para Agenor e diz:

– Com o abridor de latas e de corações.

O homem apenas sorri.

FIM

Pratique o *"Evangelho no Lar"*

livros com propósito

INSTITUTO DE DIFUSÃO ESPÍRITA

🌐 ideeditora.com.br
📷 ideeditora
f ide.editora
🐦 ideeditora

Ide editora é nome fantasia do Instituto de Difusão Espírita, entidade sem fins lucrativos.

Se você acredita no conhecimento que os livros inspiram, na caridade e na importância dos ensinamentos espíritas, ajude-nos a continuar esse trabalho de divulgação e torne-se um sócio-contribuinte. Qualquer quantia é de grande valor. Faça parte desse propósito! Fale conosco 📞 (19) 9.9791.8779.